라이프 밸런서

최상의 컨디션을 유지하는 최고들의 습관을 만드는 사람
라이프 밸런서

초판 1쇄 발행 2018년 3월 20일
초판 2쇄 발행 2018년 3월 26일

지은이 김진우

발행인 백유미 조영석
발행처 (주)라온아시아
주소 서울시 서초구 효령로 34길 4, 프린스효령빌딩 5F

등록 2016년 7월 5일 제2016-000141호
전화 070-7600-8230 **팩스** 070-4754-2473

값 14,000원
ISBN 979-11-962566-8-5 03320

이 도서의 국립중앙도서관 출판시도서목록(CIP)은 서지정보유통지원시스템 홈페이지
(http://seoi.nl.go.kr)와 국가자료공동목록시스템(http://www.nl.go.kr/kolisnet)에서 이
용하실 수 있습니다. (CIP제어번호 : CIP2018006454)

라온북은 독자 여러분의 소중한 원고를 기다리고 있습니다. (raonbook@raonasia.co.kr)

최상의 컨디션을 유지하는 최고들의 습관을 만드는 사람

라이프 밸런서

김진우 지음

RAON
BOOK

일과 생활, 가치 있는 삶과 건강을 모두 놓치고 싶지 않은 당신을 위해

나는 '라이프 밸런스 트레이너'이다. 아직 우리나라 사람들에게는 익숙하지 않은 개념이지만, 개인의 일과 삶, 몸과 정신의 건강을 최상의 상태로 유지할 수 있도록 가까운 곳에서 생활을 컨트롤 해주는 사람을 '라이프 밸런서'라고 한다.

나는 10년이 넘는 시간 동안 연예인, 기업의 CEO를 비롯한 셀러브리티들의 라이프 밸런서로서 성공한 사람들의 삶을 가까이서 지켜보았다. 사람들의 부러움을 사고, 때로는 질투의 대상이 되기도 하는 그들. 그들이 그 자리에 오른 비결을 나는 '라이프 밸런스'라고 결론지었다.

그들은 일에 몰두하면서도 규칙적인 운동과 생활 관리를 통해 삶의 균형을 맞추는 데에 많은 에너지를 투여한다. 일반인들은 상상할 수 없을 정도로 많은 일정을 소화하고, 압박에 시달리면서도 생활에 대한 만족감을 갖고 꾸준한 성과도 내는 모습 뒤에는 삶의 밸런스를 찾기 위한 부단한 노력이 있다.

지금의 나는 많은 사람들이 만나고 싶어 하는 트레이너이지만, 한때는 누구도 거들떠보지 않는 못난이였다.

나는 우울한 어린 시절을 보냈다. 10대의 나는 가난하고, 뚱뚱한 아이였다. 어딜 가도 몸 때문에 눈에 띄었고, 잘난 것 하나 없이 집중 받는 상황은 나를 더 위축시켰다. 그 어느 때보다 에너지 넘치고, 밝고, 활기차게 보내야 했을 10대를 나는 조용히 보낼 수밖에 없었다. 그런데 이 모든 것들이 내가 운동이라는 것을 접하게 되면서 변했다. 인생의 터닝 포인트를 만난 것이다.

지하 단칸방에 살던 뚱뚱한 소년이 지금은 대한민국의 내로라하는 연예인들이 믿고, 의지하는 트레이너로 활동하고 있다. 그래서 나는 확신할 수 있다. 운동이라는 것이 얼마나 삶을 극적으로 변화시킬 수 있는지 말이다.

운동은 멋진 몸을 만들기 위한 도구가 아니다. 아니, 운동이 몸만들기를 위한 일시적인 이벤트가 되어서는 안된다. 운동은 삶의 일부여야만 하며 이것을 통해 우리는 더 많은 에너지를 얻고, 삶을 유지해나갈 수 있는 '밸런스'를 찾아야 한다.

하루하루가 바쁘고 일에 치이는 데, 이것이 가능할 수 있냐고? 가능하다. 내가 직접 경험해보았기에 확실히 말할 수 있다.

매체에서 다뤄지는, 겉모습을 위한 운동, 오로지 아름다움만을 추구하는 운동이 아니라, 삶과 인생을 바꿀 수 있는 운동을 시작해야 한다. 규칙적이고 꾸준한 운동을 통해 연예인은 더 좋은 퍼포먼스를 낼 수 있어야 하고, 직장인은 일에서 더 많은 성과를 낼 수 있어야 한다. 학생들은 더 건강한 꿈을 꾸어야 한다. 운동이 삶의 일부가 된다면, 당신도 일과 생활, 삶에서의 밸런스를 찾을 수 있을 것이다.

모든 것이 빠르게, 큰 폭으로 변화하는 이 시대에 절대적인 것은 없다. 하지만 나는 운동 만큼은 삶을 절대적으로 바꿀 수 있다고 믿는다.

이 책은 다이어트 지침서도, 몸만들기의 절대적인 바이블도 아니다. 운동과 생활 관리가 삶의 균형을 유지하고 더 낫게 변화시키는 데 얼마나 큰 영향력을 미치는가에 대한 나의 생각과 경험

라이프 밸런서

을 풀어낸 자기계발서다.

　이 책을 통해 독자들과 단순히 좋은 몸매를 가지는 것이 아니라, 삶의 패턴을 바꿀 수 있는 방법을 고민했으면 하는 것이 나의 바람이다.

저자 김진우

 CONTENTS

CHAPTER
1

건강한 삶은 건강한 태도에서 시작된다

몸만들기를 위한
운동은 그만

운동하는 습관은 당신의 삶에 매우 중요하게 작용한다.
그래서 정확한 목적과 방향성이 중요하다.

최근 몇 년 사이 건강에 대한 사람들의 관심이 급증했다. 덕분에 피트니스 사업 자체가 최대의 호황기를 누리고 있다. 많은 사람이 몸을 만들고 가꾸기 시작하면서 매체에서는 몸짱 스타들이 부각되었고, 외모에 대한 사람들의 노력은 더욱 커졌다.

나는 나를 찾는 고객들이 건강한 삶을 살 수 있도록 돕는 트레이너이다. 도수법도 겸하고, 국내 최초로 아이돌 그룹 멤버들의 컨디션을 전담하는 역할을 맡고 있기에 내 일을 단순하게 규정하는 것이 쉽지 않다.

몸짱 스타들의 트레이너로 방송에도 많이 출연했지만 나를 찾는 고객은 10대 아이돌 연습생부터 60대 의사, CEO까지 다양한 연령과 직업군의 사람들이다.

보통 운동을 하러 가서 만나는 트레이너라고 하면 살을 빼고 근육을 키워주는 사람이라고 여기기 쉽지만, 실제로는 그렇게 단순한 일만 하지 않는다. 연예인이든 그렇지 않든 나는 고객이 나를 찾으면 그들의 생활을 챙기고 컨디션부터 점검한다.

말하자면 나는 내 고객이 최고의 컨디션으로 자신의 생활을 최상으로 끌어올릴 수 있도록 만드는 사람이다. 사무실에 앉아서 일하는 사람이라면 더 집중력 있게 일할 수 있도록, 무대 위에서 춤추는 사람이라면 최상의 상태에서 퍼포먼스를 낼 수 있도록 돕는다. 이렇게 몸을 최상의 컨디션으로 끌어올리고, 그 상태를 유지하도록 하는 것이 트레이너의 진정한 역할이다. 그래서 몸을 잘 만들어 놓으면 인생을 바꿀 수 있다고 나는 자신 있게 말한다.

결국, 몸만들기란 건강한 삶을 만드는 것, 건강하게 사는 것이다. 그런데 다이어트라고만 단편적으로 생각하는 사람들이 많다.

"OOO처럼 만들어주세요."

하루에도 몇 번씩 신규 회원들로부터 이런 주문을 듣는다. 맹목적인 몸만들기에 집착하는 것이 얼마나 큰 문제인지를 단적으로 보여주는 예이다.

나는 결론적으로 불가능하다고 말한다. 벌써 목적부터 틀렸기 때문이다.

식스팩(six pack)과 에스라인(S-line)에 대한 사람들의 집착. 운동을 시작하면 내 몸이 드라마틱하게 변할 것이라는 상상. 이런 편견 아닌 편견들로 인해 우리는 운동의 본질적인 목적과 거리가 많이 벌어진 것 같다.

운동이 무엇일까? 단순히 몸을 만들기 위한 수단이 될 수도 있고 건강을 지키는 좋은 습관이 될 수도 있다. 운동의 범위는 굉장히 넓다. 하다못해 '숨쉬기운동'이라는 말도 있지 않은가? 그 무엇이 되었든

매체에 등장하는 연예인, 피트니스 선수들이 하는 일련의 운동법이나 식단들을 보고 그것을 맹목적으로 따라 하는 사람들이 많다. 마치 1~2개월이면 자신이 생각하는 이상적인 몸을 만들 수 있을 것처럼 홀린 듯이 말이다. 실제로 '운동에 미쳤다'는 소리를 들을 만큼 열심히 하는 사람들도 꽤 많다. 그러나 대부분 좋은 결과를 얻지 못하고 중도에 포기하고 만다.

운동을 열심히 하는 것은 좋다. 하지만 중요한 포인트는 '운동

으로 인해 기본적인 생활이 깨지면 안 된다'는 점이다.

운동이라는 것 자체가 이제는 삶의 건강을 유지하고 서포트할 수 있는 하나의 방식이 되어야 한다. 나처럼 운동을 업으로 삼고 있는 조각 같은 몸을 만들기 위해서는 많은 노력과 고통이 따른다. 몸이 지쳐서 피로감도 심하고, 때로는 일상적인 생활이 불가능할 정도로 힘들 때도 있다. 그런데 기본기도 갖춰지지 않은 일반인들이 그렇게 무리한 운동을 한다면 어떨까? 아마 일상생활의 일부는 아예 포기한 채 몸만들기에만 몰두해야 하지 않을까?

3개월 안에 몸짱이 되고 싶다는 사람들을 생각보다 많이 만난다. 그럴 때마다 나는 되묻는다.

"3개월 동안 모든 것을 버리고 운동에만 전념할 수 있습니까?"

그리고 얘기해준다.

"제가 웨이트를 시작한 지 16년 차입니다. 그런 저도 화보나 방송 촬영이 있으면 한 달이 넘는 시간을 운동에만 전념합니다. 운동이 생활인 저도 이런데, 이제 막 운동을 시작한 분들은 어떨까요?"

애초부터 잘못됐다. 당신들이 생각하는 것보다 몸만들기라는 과정은 쉽지 않다.

그래도 열심히 하면 어느 정도의 탄탄한 몸을 가질 수 있지 않

라이프 밸런서

겠냐 묻는다면 물론 '가능하다'고 답할 수 있다. 그러나 몸만들기에 집중한 그 이후에 어떻게 할 것인가에 대해 고민은 해본 적 있는가?

비만인 연예인들이 살을 빼고 몸을 만드는 장면을 자주 보았을 것이다. 많은 사람들이 그들처럼 조금만 집중하면 좋은 몸을 가질 수 있다는 희망을 가진다. 그러나 나는 그렇게 몸이 만들어진 이후 그 몸을 유지하는 사람은 거의 보지 못한 것 같다.

이것이 문제다. 운동과 몸만들기의 목적을 오로지 '보여지는' 것에만 두면 오히려 전보다도 더 좋지 않은 몸은 물론이거니와 건강 상태 또한 나빠질 가능성이 높아진다. 그러면 그때는 일상생활 자체가 어려워질 수 있는 충분한 조건이 생길 것이다. 이 얼마나 위험한 투자인가.

몸만들기와 운동은 이제 삶의 밸런스, 즉 삶을 구성하는 여러 가지의 균형을 맞춰주는 개념의 도구로 사용되어야 한다. 더 이상은 몸을 가지고 상업적으로 이용하며 그것으로 사람들을 선동하고, 결국엔 그 사람들의 생활패턴까지 바꿔 일상생활 자체에 영향을 주는 일은 없어야 한다고 생각한다.

많은 몸짱 연예인을 만들어낸 사람으로서 나도 일말의 책임감을 느낀다. 그래서 지금이라도 많은 경험을 통해 얻은 나의 노하우가 전달되어야 한다고 생각했다.

울퉁불퉁한 근육이나 마른 몸만을 찬양하는 시대는 이제 지났다. 어떻게 하면 건강한 몸, 좋은 몸을 가지고 내가 삶을 최상의 컨디션으로 살 수 있는지에 대한 고민이 절실히 필요하다. 무리한 운동을 통한 다이어트나 몸짱 되기 100일 프로젝트는 이제 사라져야 할 시기가 됐다. 그리고 라이프 밸런스를 고민해야 할 때다.

라이프 밸런서

2

운동은
시간 싸움이 아니다

몸은 거짓말을 하지 않는다. 단기간에 죽도록 운동해서 만들면
그만큼의 후유증이 있을 수밖에 없다.

운동을 하면서 가장 중요한 게 무엇이라고 생각하는가? 누군
가 나에게 건강한 삶을 위해 하는 운동에서 가장 중요한 것이 무
엇이냐 물어본다면 나는 망설이지 않고 지속성 즉, '얼마나 유지
할 수 있느냐'라고 말할 것이다.

현대인은 뭐든 빠른 변화를 좋아한다. 패션, 음식, 방송뿐만
아니라 몸에 대한 변화도 그렇다.

다른 분야는 나의 전공이 아니므로 언급하고 싶지 않다. 그러
나 적어도 내가 하고 있는 이 분야는 절대 '빠름'이란 단어를 사용
하면 안 된다고 생각한다. 몸이라는 건 정말 얼마나 꾸준히 단련

하는가가 무엇보다 중요하다. 하지만 최근 건강에 관한 뉴스 중에는 정말 터무니없는 정보가 많다. 특히나 다이어트나 몸을 만드는 부분에 대한 정보는 더더욱 그렇다. 마치 누구나 몇 주 안에 몸을 만들 수 있을 듯한 착각을 불러일으키는 정보들. 하지만 실상을 보면 그렇지 않다.

급조한 몸과 오랜 시간 탄탄히 다진 몸은 당연히 차이가 있다. 4주 몸짱, 16주 몸짱은 다 운동을 해왔던 사람들의 이야기다. 태어나서 한 번도 운동을 해본 적 없는 사람이 갑자기 몸짱이 되는 것은 불가능하다. 차라리 다이어트라면 가능하다. 그러나 이 역시 목표를 달성한 후 유지하기 쉽지 않다는 면에서 매한가지다.

트레이너로서 나는 운동하는 사람에게 '정확한 목적성'을 부여하는 데에 많은 에너지를 쓴다. 단기간에 가시적인 결과를 얻고 싶어하는 사람들을 설득하는 지난한 과정을 나는 기꺼이 시작한다.

3달 안에 누구나 쉽게 좋은 몸을 가질 수 있다면, 10년 이상 몸을 만들기 위해 매일 꾸준히 운동을 하는 트레이너는 바보일까? 사람들은 결과를 중요하게 생각하지만 결과 이후가 더 중요하다. 몸이 스트레스를 받으면 안 된다. 그래야 오래, 계속할 수 있다.

그러기 위해서는 처음부터 운동과 식단 조절을 병행해서는 안 된다. 처음 운동을 시작하는 사람들에게 하는 고객들에게 나는 운동하러 자주 나오기만 하라고 이야기한다. 그렇게 빈도수를 높이는 데만 집중한다.

사실 운동을 안 하던 사람들은 나오는 것만으로도 힘들다. 이 상태에서 식단관리까지 하면 일상이 무너진다. 처음에 할 일은 운동에 적응하는 것이다. 그다음 할 것이 운동을 마친 다음의 식단관리다. 한 번에 아침-점심-저녁 식단을 짜지 말고 한 끼만 조절하는 것으로 시작하면 된다. 저녁만 가볍게 먹거나 양을 줄이는 식이다.

일주일 정도 실천하면서 몸이 적응되면 아침 식사량을 줄이면 된다. 이렇게 식단은 서서히 관리해야 몸이 적응한다. 그래야 일상도 망가지지 않는다.

빠른 속도로 몸을 만드는 사람들의 대다수는 다년간의 운동에 대한 경험과 노하우를 가지고 있는 경우들이 허다하다. 그런데 마치 이것이 일반인도 가능한 것처럼 이야기되니 안타깝다.

몸은 거짓말을 하지 않는다. 단기간에 죽도록 운동해서 만들면 그만큼의 후유증이 있을 수밖에 없다. 세계적인 보디빌딩대회인 올림피아드를 보면 쉽게 알 수 있다. 우승은 항상 30대 중후반 이상의 사람들이 차지한다. 얼마나 긴 시간, 꾸준함을 유지해야 하는지를 정확하게 보여주는 결과다.

그렇다. 절대 한순간에 많은 걸 얻을 수 없는 것이 운동이다. 모든 운동이 마찬가지이다.

혹시 '나도 3달 안에 생애 제일 멋진 몸을 만들어보겠다' 굳은 결심을 하고 막 운동을 시작하려는 사람들이 있다면 절대 의기소침할 필요 없다. 시간과 노력, 급하지 않게 위험하지 않게 꾸준함을 보인다면 누구나 가능하다.

나는 여러분의 사기를 꺾고자 이런 얘기를 하는 것이 아니다. 10년이 넘는 세월 동안 이 분야에 종사한 트레이너로서, 사람들이 건강하게 아름다운 몸을 만들었으면 하는 바람에서 하는 얘기이다.

짧은 시간 투자해서 만든 몸은 일주일이면 없어진다. 그리고 건강도 잃을 수 있다. 그래서 처음부터 어떤 마음으로 임하느냐가 중요하다.

여러분에게 제안하고 싶다. 운동을 시작할 때 전문가와 상담 후 자신의 몸 상태를 정확하게 파악하고 급하지 않게 6개월 이상의 플랜을 짜고, 천천히 운동에 다가가자고. 혹시나 처음부터 과도하게 절제된 식단과 운동을 제안하는 전문가가 있다면 피하길 바란다. 단기간 자신의 목적을 위해 당신을 이용하는 것일 수도

있기 때문이다. 잊으면 안 된다. 얼마나 긴 시간 동안 꾸준히 하는
지에 따라 건강과 보기 좋은 몸을 가질 수 있는지 없는지가 결정
된다는 사실을.

시간을 짧게 적게 들여 만든 몸은 반드시 짧은 시간 안에 없어
질 것이며 짧은 시간에 건강을 잃게 될 것이다. 조급해하지 말고
꾸준하게 건강한 몸을 만들어 보자. 그리고 그것을 얻는 순간이
되었을 때 건강하고 아름다운 몸과 동시에 여러분의 삶의 질도 상
상할 수 없을 정도로 올라가 있을 것이다.

처음에 할 일은 운동에 적응하는 것이다.
그다음 할 것이 운동을 마친 다음의 식단 관리다.
한 번에 아침-점심-저녁 식단을 짜지 말고
한 끼만 조절하는 것으로 시작하면 된다.
일주일 정도 실천하면서 몸이 적응되면
아침 식사량을 줄이면 된다.

이렇게 식단은
서서히 관리해야 한다.
그래야 일상도 망가지지 않는다.

3

연예인
따라 하지 마라

자신이 가지고 있는 장점을 최대한 살린 몸은
다른 사람의 그 무엇과도 비교할 수 없을 정도로 아름답다.

TV와 인터넷만 켜도 몸매가 멋진 연예인을 너무 쉽게 만날 수
있다. 요즘은 인스타그램 등 SNS 채널의 인플루언서들까지 합세
해 '늘씬한 몸매' 신드롬을 이끌고 있다. 그래서인지 운동을 시작
할 때 그들의 몸매를 기준으로 두는 이들이 많다.

나를 찾아오는 회원 중에는 "선생님이 아이돌 OO씨 몸 만들
어 주셨다면서요? 저도 OO 같은 몸 만들어주세요." 혹은 "누구
누구 같은 식스팩, 11자 복근을 가지고 싶어요.", "11자 다리를
갖고 싶어요." 심지어 "다리가 길어지고 싶어요." 등등의 희망
사항을 이야기하는 회원들이 있다. 마음은 충분히 이해한다. 나
도 그런 생각을 할 때가 있으니 말이다.

라이프 밸런서

하지만 확실히 말하고 싶은 것이 있다. '누구나 원한다고 해서 연예인 같은 몸매를 가질 수는 없다'는 것이다.

이는 타고난 체형에 관한 얘기이다. 당신이 보고 닮고 싶은 몸을 가지고 있는 연예인들은 확실히 골격부터 다르다. 연예인을 실제로 보았다면 알겠지만, 얼굴 크기부터 다르다. 그게 결정적인 차이다. 많은 연예인을 보다 보니 이런 생각을 하게 된다.

'저러니까 텔레비전에 나오는 연예인이 되었겠지.'

그렇다. 그들이 특별한 존재라고 생각하지 않지만, 외형만 봤을 때는 특별한 게 맞다. 그냥 인정하고 넘어가면 된다. 하나의 '아이디얼 바디(ideal body)'라고 인정하고, 그것처럼 되려는 것이 아니라 이상형으로 삼고 그렇게 되고 싶다는 것이 현명하다.

그렇다고 해서 평생 만족스러운 몸매를 가질 수 없다며 절망할 필요는 전혀 없다. 몸은 자신의 체형에 맞게 디자인할 수 있다. 각자 타고난 몸매의 장점은 최대한 살리고, 약점은 죽이는 방법을 찾으면 바비인형처럼 천편일률적인 마른 몸이 아닌, 나다운 아름다운 몸을 만들 수 있는 것이다.

꼭 연예인 같은 몸을 가져야만 몸이 예쁘고 아름다운 것이 아니다. 자신이 가지고 있는 장점을 살린 몸은 다른 사람의 그 무엇과도 비교할 수 없을 정도로 아름답다. 그것을 찾아가는 것이 정답이다.

연예인들의 몸 관리 식단을 본 적이 있을 것이다. 하루에 바나나 1개, 달걀 2개만 먹고 입에서 단내가 날 정도로 웨이트를 했다는 이야기, 화보 촬영을 하기 위해 오로지 단백질만 섭취하며 매일 10킬로미터씩 달렸다는 이야기.

몸을 만들기 위한 그들의 집념과 의지는 대단하다. 특별한 이벤트가 있으면 그들은 독하다 싶을 정도로 철저히 자기 관리를 한다. 트레이너로서 '이 이상은 못 하겠지' 하고 기준을 줘도 기어코 그 이상을 해낸다. 무엇이든 악착같이 해내는 그 힘이 그들의 성공을 만드는 것일 지도 모른다. 지치고 피곤한 스케줄 속에서도 본인이 해야 하는 일은 반드시 완수하는 그들은 결국 스스로 만족스러울 만큼의 외모로 대중 앞에 선다. 그야말로 모든 일상 생활을 포기하고, 오직 외모에만 집중하여 결과를 내는 것이다. 그 과정은 상상 이상으로 고통스럽다.

언뜻 보기에는 멋진 몸을 가지기 위한 이 모든 노력들이 대단해 보이지만, 이것이 상식적이지 않다는 건 누구나 알 수 있다.

과연 그들이라고 그렇게 하고 싶었을까? 적어도 내가 아는 수많은 연예인들은 그렇지 않다. 그들도 우리와 마찬가지로 치킨도 먹고 싶고 짜장면도 먹고 싶고 떡볶이도 먹고 싶다. 그럼에도 불구하고 욕구를 통제하며 살을 빼는 이유는 단 한 가지다. 연예인들은 겉으로 보이는 모습이 경쟁력이고, 본인들의 외모가 곧 상품이며 가치라는 걸 정확하게 알고 있기 때문이다. 문제는 많은 사람이 그것을 보고 따라한다는 점이다. 굉장히 위험하다.

우리 사회의 큰 문제 중 하나가 '외모지상주의'다. 남녀노소 누구 할 것 없이 모두 날씬하고 예뻐지고 싶어한다. 때로는 그게 경쟁력이라고 여기기도 한다. 사회적인 분위기 또한 한몫 하기 때문에, 객관적으로 봤을 때 이런 생각들을 틀렸다고 단정하기도 어렵다.

하지만 나는 확실하게 얘기할 수 있다. 그 생각은 틀렸다고 말이다. 되레 나는 외모에 그토록 집착하는 이들에게 묻고 싶다. 건강을 해치면서, 라이프 사이클을 깨면서까지 공들여 만든 그 아름다운 외모를 얼마나 유지할 수 있느냐고. 순간의 만족을 위해 일상을 포기하고, 건강을 포기하는 것이 무슨 의미가 있을까?

나는 아이돌그룹 2PM, 2AM부터 시작해 나나, 손나은, 유이 등 몸매 좋기로 유명한 연예인들의 보디 트레이닝을 맡았다. 그들과 함께 하면서 사실상 몸으로 낼 수 있는 퍼포먼스는 다 해봤다. 이런 경험과 노력 끝에 내가 내린 결론이 하나 있다. 이들의 사례를 일반인들에게 적용하면 안 된다는 것이다.

연예인과 그렇지 않은 사람들은 놓인 환경이 다르기 때문에 같은 조건으로 운동하고 유지할 수 없다. 그래서 내가 건강한 몸을 만들어야 한다고 외치는 것이다. 모두가 바라는 그 이상적인 몸을 만드는 과정이 얼마나 고통스러운지 너무나 잘 알고 있다. 몸만들기 뒤에 오는 여러 가지 문제점들도 많다. 위장장애, 빈혈 등 물리적인 이상부터 무기력증, 불면증 같은 심리적인 문제까지 일상적으로 겪지 말아야 하는 일들이 몸에서 일어날 수 있다. 그래서 나는 보통 사람들이 보이는 것이 직업인 사람들과 자신을 비교하지 않았으면 좋겠다.

좋은 몸을 만들기 위해 운동을 시작한다면, 가장 먼저 목적을 명확히 해야 한다. 그리고 그에 따른 정확한 목표를 설정하는 것이 중요하다. 무조건 '연예인 OO 같은 몸'을 만들겠다는 것은 가장 잘못된 목적이다. 건강을 유지하기 위한 다이어트, 근력을 강화하기 위한 운동, 콜레스테롤 수치를 낮추기 위한 식단 조절 등 긴 안목에서 목적을 찾아야 한다.

요즘은 트레이닝 기술이 많이 발전했고, 좋은 트레이너들도 넘쳐난다. 그래서 무턱대고 운동을 시작할 것이 아니라 전문가와 상의하여 실현 가능한 목표를 잡고, 체계적인 계획을 세워 몸을 만들어야 한다.

운동은 남을 위한 것이 아니라 나를 위한 것이 되어야 한다. 언제까지 보이는 몸만을 중요하게 생각할 것인가? 겉보다는 속이 단단한 몸을 만드는 데 집중하자. 시간은 더 걸릴 지 몰라도 결국에는 당신이 목표로 하던 만족스러운 몸매를 가질 수 있다.

CHAPTER
2

건강한
몸만들기

당신은 왜
운동을 하는가?

운동은 어떠한 특수한 목적성 때문이 아니라
그냥 일상 자체에 스며들어 있는 그런 것이어야 한다.

주변을 둘러보면 정말 수많은 사람이 저마다의 방식으로 운동을 하고 있다. 등산, 수영, 테니스, 웨이트, 필라테스, 요가 등 종류도 무척 다양하다. 근래에 들어서는 스피닝처럼 각각 다른 종목을 접목한 새로운 운동이 나오기도 한다.

운동하는 이유 또한 각양각색일 것이다. 마른 몸을 가지고 싶어서, 근육을 불리고 싶어서, 건강이 나빠져서, 살을 빼고 싶어서 등등. 앞에서 말했듯이 운동을 하는 목적과 목표가 명확하면 좋지만, 그렇지 않더라도 아무것도 하지 않는 것보다야 나으니 일단 몸만들기를 시작했다면 응원을 보내고 싶다.

운동이 직업인 운동선수가 아닌 이상, 운동에만 모든 것을 쏟

아부을 수 없고, 그렇게 할 필요도 없다. 나는 본격적으로 운동을 시작하는 사람들이, 그리고 이 책의 독자들이 단기간에 어떤 결과를 얻으려 하기보다는 자신의 삶을 윤택하게 만드는 하나의 도구로 평생 가져갔으면 좋겠다.

마른 몸, 근육질의 몸을 동경하며 '평생 한 번의 도전'이라는 명분 아래 스스로 몸을 혹사하고 심한 경우에는 삶의 균형 자체를 무너뜨리는 모습. 과연 이게 운동을 하는 적합한 이유가 될 수 있을까?

운동은 숨을 쉬고, 음식을 먹는 것처럼 일생을 사는 동안 놓아서는 안될 필수 습관이다. 그러므로 운동 그 자체가 나에게 긍정적인 에너지를 주는 활력소가 되어야 하고, 더 나은 삶을 살게 하는 유익한 도구가 되어야 한다. 아름다움만을 위한 도구로 사용하기에는 뒤따르는 위험이 너무나 크다.

우리가 텔레비전에서 보는 그런 몸짱들은 하루아침에 되는 것이 아니다. 전문적으로 아주 긴 시간을 공들여야 한다. 헌데 이것을 짧은 기간 안에 이루려 하다보니 여러 가지 문제 상황에 처하는 것이다.

힘들면 쉬어가도 된다. 먹고 싶은 게 있으면 먹어도 된다. 그리고 할 수 있을 때 운동을 하면서 건강 관리를 하면 된다. 하루라

라이프 밸런서

도 운동을 하지 않으면 죽을 것 같이 부담을 느끼며 몇 달을 열심히 운동해도 그 노력은 한순간에 수포로 돌아갈 수 있다. 먹고 싶은 것 먹고 싶을 때 먹지 못하고, 배가 부르다는 사실에 죄책감을 느끼며 살지만 단기간에 원하는 몸매를 만드는 것은 불가능하다. 당신은 운동 전문가가 아니기 때문이다.

정말 건강을 위해서 하는 운동은 어떠한 특수한 목적성 때문이 아니라 그냥 일상 자체에 스며들어 있는 그런 것이어야 한다. "왜 운동을 하느냐?"라는 질문 자체가 나올 수 없이 당연한 것이 되어야 한다.

살이 좀 찌면 어떤가? 건강을 해치지 않는 정도라면 괜찮다. 텔레비전에 나오는 몸짱 같은 몸이 아니면 좀 어떤가? 당신은 탁월한 몸매가 아니더라도 충분히 빛나는 존재다.

건강에 문제가 되지 않을 정도라면, 그 선에서는 인생을 즐길 수만 있다면 나는 그것이 진정한 건강을 위한 삶이라고 생각한다. 그것이 바로 운동이 존재하는 이유다.

왜 운동을 하는지에 대한 정의는 각기 다르겠지만 나와 함께 하는 사람들이 운동을 시작하고 변화하는 모습을 볼 때면 운동은 우리 삶에 정말 중요한 것이라는 생각이 든다.

우선 규칙적으로 운동을 하러 나오고 재미를 붙이기 시작한 사람들은 겉모습부터 달라진다. 갑자기 몸짱이 된다는 게 아니

다. 표정과 제스처에서 자신감이 묻어나고, 긍정적인 생각을 하게
된다. 그렇게 다른 일을 새롭게 시작하려는 의지가 생긴다.

운동의 진정한 효과는 이런 것이 아닐까? 번지르한 겉모습을
만드는 것이 아닌, 내면의 힘을 가꾸는 것 말이다.

운동은 언제부터 시작하는 게 가장 좋으냐는 질문을 많이 받
는다. 사실 스스로 그런 질문을 할 때가 바로 운동을 시작할 때다.
여러 가지 제약 조건을 먼저 생각하며 망설이고 있다면, 지금 바
로 운동화를 신고 밖으로 나가 집 주변이라도 한 바퀴 뛰자.

그럼에도 불구하고 운동을 시작해야 할 시기를 군이 정리해보
자면 이렇다. 마음을 먹었다면 10대 혹은 20대에 운동을 시작하
는 것이 가장 좋다. 통계적으로 볼 때 20대 후반에 완성한 몸이 가
장 만족도가 높기 때문이다. 실제로 20대 때 남자는 근육도 잘 붙
고, 여자는 몸의 밸런스도 잘 잡힌다.

30대 초반부터는 평생 가져갈 운동 습관을 들여야 한다. 유산
소와 웨이트 운동을 병행하면서 내 몸에 맞는 운동을 찾는 것이
중요한 과제다. 모든 습관이 그렇지만 운동하는 습관은 빨리 생활
화하는 것이 좋다.

30대들에게는 가장 먼저 술을 줄이라고 말한다. 대신 평균 수
면 시간을 늘리라고 조언한다. 그렇게만 해도 몸이 달라진다.

라이프 밸런서

40대는 과한 것보다 꾸준한 게 중요하다. 30분씩이라도 매일 빠지지 않고 운동을 하는 것이 중요하다.

50대에는 서두르지 말아야 한다. 좋은 몸을 만드는 것보다는 컨디션을 유지할 수 있는 가벼운 운동을 하는 것이 좋다.

욕심이 과하면 독이 될 수 있다. 운동하기로 마음먹었다면, 드라마틱한 변화보다는 평생 건강을 목표로 꾸준히 실행하자.

정말 건강을 위해서 하는 운동은
어떠한 특수한 목적성 때문이 아니라
그냥 일상 자체에 스며들어 있는
그런 것이어야 한다.

"당신은 왜 운동을 하느냐?"라는
질문 자체가 의미가 없어져야 한다.
운동이 당신의 일상에서
'당연한' 것이어야 한다.

2

나에게 맞는
운동을 찾아라

운동에도 고정관념이 존재한다.
남자가 하는 운동, 여자가 하는 운동이란 건 세상에 존재하지 않는다.

왜 운동을 하는가에 대한 각자의 생각이 확립되었다면 나에게 맞는 운동은 무엇인가를 생각해봐야 한다. 전제되어야 하는 것은 위에서 말한 것과 마찬가지로 기준이 몸짱, 그저 보이기 위한 몸이 되어서는 안 된다는 것이다.

우리가 할 수 있는 운동의 종류는 정말 말로 할 수 없을 정도로 많다. 나에게 개인에 대한 아무런 정보 없이 "이 많은 운동 중 어떤 것이 저와 맞을까요?"라고 묻는다면 당연히 "땀 흘려도 즐거운 운동을 찾아 꾸준히 하십시오."라고 답할 것이다.

하지만 전문가의 시각에서 볼 때 각자의 성향, 체형, 몸 상태에 맞는 운동이 분명 있다. 예를 들면, 관절염이나 허리디스크, 척

추측만증 같은 몸의 이상을 가진 사람이 격렬하게 몸을 부딪치는 운동을 할 때 즐겁다고 해서 그것을 추천할 수 있을까? 물론 본인의 유희를 위해서는 가능하다. 하지만 평생 건강을 위한 도구로서는 부적합하다.

우리 몸은 우리 생각만큼 단순하지 않다. 그래서 운동을 할 때는 항상 길게 보고, 운동 전후의 자신을 그려보면서 들어가야 한다. 만일 어떤 질환을 앓고 있다면, 전문가와 상담을 통해 치료와 건강 유지를 동시에 할 수 있는 운동을 처방받아야 한다.

그리고 본격적인 운동을 시작하기 전에 반드시 약해져 있는 근육을 강화시키고, 몸의 안정화를 도모하는 과정이 필요하다. 그렇게 해서 몸이 무난하게, 내가 하고 싶은 운동을 할 수 있는 상태가 되어야 한다. 그러면 누구나 아주 즐겁고 안전하게 운동을 즐길 수 있을 것이다.

운동에 대한 통념 중 남자에게는 근육을 강화시키는 웨이트가 맞고, 여자는 유산소 운동이나 유연성을 요하는 필라테스나 요가가 맞는다는 것이 있다. 여자가 웨이트를 하면 근육이 붙고 몸이 커져서 예쁘지 않고, 운동 강도가 낮은 필라테스나 요가는 남자가 근육을 붙이는 데 별 도움이 되지 않는다는 편견 때문이다.

나는 이런 1차원적인 생각들이 많은 사람들의 몸을 망친다고 생각한다. 오히려 여자는 웨이트를 많이 해줘야 하고 남자는 유산소나 스트레칭 같은 운동을 많이 해줘야 한다. 여성호르몬은 지방을 생성시키는 성질을 가지기 때문에 여성의 몸에는 근육량에 비해 지방량이 높다. 그러므로 여성들은 오히려 웨이트를 통해 근력을 키우는 것이 몸의 밸런스를 맞추는 데 더 좋다.

남자가 하는 운동, 여자가 하는 운동이란 건 세상에 존재하지 않는다. 성별이 아닌 몸의 상태에 따라 운동을 선택해야 한다. 재활이 필요하거나 체형적인 문제가 있다면, 또는 유연성이 떨어져서 운동할 때 부상이 잦다면 필라테스 같은 운동을 해서 몸의 균형을 잡아야 한다. 근육량이 현저히 낮아 몸의 기능이 떨어진다면 근력 강화운동을 통해 운동하는 것이 바람직하다. 여자든 남자든 말이다.

내가 생각하는 가장 좋은 운동법은 유산소와 웨이트를 병행하는 것이다. 나아가 여러 가지 종목을 고루 시도하면 더 좋다. 죽도록 한 우물만 파는 것은 적어도 운동에서는 맞지 않다. 필라테스나 요가로 몸을 안정시키고 코어의 힘을 강화시켰다면, 웨이트를 병행하면서 몸의 부분 부분에 필요한 근육을 만드는 식이다. 이렇게 각자가 그리는 이상적인 몸에 다가갈 수 있다.

운동은 똑똑하게 진행되어야 한다. 누가 해봤는데 이게 좋더라, 혹은 요즘 새로 나온 운동이라더라 해서 휩쓸릴 것이 아니다.

　　　　　　　　　　　　　　　라이프 밸런서

내 몸 상태를 먼저 파악하고 그에 맞는 운동을 먼저 진행한 뒤, 원하는 운동을 차근차근 해나가는 것이 중요하다.

맞는 운동을 찾았다면, 그것을 통해 몸 기능을 향상시키는 데 집중하자. 그렇게 한 뒤에 다른 운동을 접해보고 또 다른 운동도 접해보면서 습관화시키자. 그렇게 된다면 부상 없이 건강하게 운동할 수 있을뿐더러 어느 순간 삶의 질이 크게 향상된 당신의 모습을 확인할 수 있을 것이다.

기본기부터
다져라

몸을 만드는 운동에서 체형의 안정화는 요리의 칼질이고
축구의 트래핑이며 농구의 드리블, 골프의 스윙과 같다.

요즘 텔레비전에 많이 나오는 셰프들을 보면 절로 '우아!'하
는 감탄사가 터져나온다. 요리 솜씨도 그렇지만 재료를 다듬는 빠
른 손길과 정확한 칼질 때문이다. 그렇게 하기까지 그들이 투자한
시간과 노력이 얼마일까? 탄탄한 기본기는 보는 사람을 감동시킨
다. 그리고 자신에게도 반드시 좋은 결과를 가져다준다.

아무리 유명한 선수라도 축구 선수라면 공을 차는 연습, 농구
선수라면 공을 튀기는 드리블 연습, 골프 선수라면 스윙 자세의
디테일을 살리는 연습을 하는 시간이 가장 길다고 한다. 그만큼
기본기가 중요하다는 의미다.

어떤 일이라도 기본기가 없는 상태에서는 향상된 스킬을 얻을

수 없다. 몸을 만드는 운동 또한 마찬가지이다. 예를 들어 어깨가 앞으로 굽은 '라운드숄더' 상태에서는 아무리 열심히 가슴 운동을 해도 근육을 키울 수 없다. 가슴까지 자극이 전달되지 않기 때문이다. 등 운동도 마찬가지다. 운동을 오래 한 사람들이나 전문가들은 힘이 들어갈 수 있는 각도를 만들어 진행할 수도 있겠지만 그건 임시 처방에 불과하다. 그래서 탄탄한 가슴이나 등 근육을 갖고 싶다면 굽은 몸을 펴는 운동부터 먼저 수행해야 한다. 그만큼 몸의 기본을 만들어 놓는 것이 중요하다. 쉽게 얘기하면 운동을 할 수 있는 몸의 상태를 만드는 것이 우선이라는 얘기다.

몸을 만드는 운동에서 체형의 안정화는 요리의 칼질이고 축구의 트래핑이며 농구의 드리블, 골프의 스윙과 같다. 그만큼 기본이 되지 않은 상태에서는 꾸준한 성장을 얻을 수 없다.

나는 분명히 가슴 운동을 했는데 어깨가 아프거나 하체 운동을 했는데 무릎이나 허리가 아프거나 하는 경험이 한두 번은 있을 것이다. 원인은 잘못된 자세 때문이다. 그런데 사람들은 '운동하면 원래 아픈 거야', '고통이 있어야 몸에 근육이 붙는 거야' 같은 잘못된 생각을 하며 계속 몸을 혹사한다.

현대의 운동은 지능적이다. 그만큼 기술적으로도 발달했다. 하지만 우리가 운동하는 방식은 여전히 구시대에 머물러 있는 경우가 많다.

잘못된 생각 중 하나가 '웨이트를 할 때는 무게를 점점 늘려야 한다는 것'이다. 무조건 무게를 올리고, 무거운 것을 들수록 운동을 잘하는 사람이고, 그래야만 목표로 하는 몸매를 얻을 수 있다고 여기는 것이다. 물론 기본기가 잘 다져져 있다면 능력에 따라 운동 강도를 높이는 것은 아무런 문제가 되지 않는다. 하지만 현대인들은 생각보다 체형의 문제점이 많다.

척추측만증, 디스크, 거북목 등 직장인늘이 많이 가지고 있는 질환에 대한 대비책 없이 운동을 진행하는 것은 돈 잃고, 몸의 건강도 잃는 지름길이다.

다리를 꼬거나 짝다리를 짚는 습관, 한쪽으로 몸을 기대고 있거나 장시간 컴퓨터 모니터 앞에 앉아 있거나, 스마트폰을 보느라 고개를 숙이고 있거나, 엎드리는 습관. 이런 것들이 모두 당신의 몸을 망치는 주범이다.

본격적인 운동을 시작하기 전 이런 잘못된 생활 습관을 인식하고, 고치는 것이 필요하다. 그리고 스트레칭이나 반신욕 등 일상적으로 실천할 수 있는 방법들을 통해 몸의 스트레스를 최소화해야 한다.

모든 운동의 시작이나 일의 시작 전에는 기본기를 만드는 작업이 필요하다. 시간이 오래 걸려 지루할 수도 있다. 하지만 그 시

라이프 밸런서

간을 보낸다면 어느 정도 수준에 올라섰을 때는 그렇지 않은 사람들보다 훨씬 더 빠르게 성장할 수 있다는 것을 잊지 마라. 시작은 미약할 수 있으나 결국은 목표에 빠르고 정확히 다다르는 길이다.

몸의 기본기.
즉, 운동할 수 있는 몸 상태를 만드는 것이 우선이다.

체형에 문제가 있는 사람들은 재활이나
필라테스 같은 운동을 먼저 하면서
체형의 안정화와 코어 근육 강화를 하자.

자신의 몸에 적합한 운동을 먼저 하고,
그 뒤에 웨이트 트레이닝이나 근력 운동,
근육량을 키울 수 있는 운동을 해야 한다.

CHAPTER
3

몸은
거짓말하지
않는다

1

정체기는 어떻게
극복해야 할까?

**뭐든 꾸준한 것은 힘들다. 시작은 누구나 할 수 있지만
그것을 유지하는 것은 여간 어려운 일이 아닐 수 없다.**

어떤 일이 되었든 긴 시간을 투자해야 하는 일들은 시간이 지 남에 따라 지루해질 수밖에 없다. 무슨 일이든 마찬가지다. 아무 리 자기가 좋아하는 일이라도 오랜 시간 하다 보면 하기 싫고, 성 장을 멈추는 정체기를 맞이한다.

운동선수는 쉬지 않고 훈련을 하지만 스킬이 늘지 않아 좌절 하는 시기가 반드시 온다. 운동을 하는 일반인도 마찬가지다. 다 이어트를 하는 사람들은 어느 순간 더 이상 몸무게가 줄지 않는 때가 온다. 몸을 키우는 사람들은 아무리 단백질을 섭취하고 바벨 의 무게를 늘려도 근육이 성장하지 않는 시기가 온다.

이런 정체기를 맞은 사람들은 슬슬 운동이 하기 싫어지면서

게으름을 피우게 된다. 그러다가 운동에서 영영 멀어지는 경우도 있다.

왜일까? 정체기 혹은 슬럼프를 겪는 사람들은 '몸이 한계에 다다른 게 아닐까?'라며 신체적인 문제를 고민하지만, 사실은 정신적인 정체기인 경우가 많다. 시간이 지나면서 정신적으로 지쳐버리기 때문에 예전만큼 결과가 나오지 않는 것이다.

보통 만족할 만큼 몸이 만들어지면 대부분의 사람은 안심하게 된다. 그러면 자연히 운동을 하는 빈도가 줄어든다. 그 순간 정체기가 찾아온다.

나는 그럴 때 오히려 그냥 둔다. 운동은 트레이너가 하는 게 아니다. 자신이, 스스로 하는 거다.

정체기를 극복하는 방법은 무엇일까? 사람마다 방법은 다양하다. 먼저 생각해야 하는 것은 '나에게 왜 정체기가 찾아왔을까'에 대한 고민이다.

다이어트를 하는 사람에게는 너무 심한 운동과 식단 관리, 몸을 키우는 사람에게는 너무 잦은 운동 빈도와 무리한 강도, 스킬을 연마하는 사람에게는 휴식 없이 진행되는 타이트한 스케줄 등이 원인일 수 있다. 이렇게 보면 운동에서 정체기가 찾아오는 이유는 단 하나다.

'나의 몸 상태를 고려하지 않은 무조건적인 설계'

여러 번 이야기했지만, 운동에서 가장 중요한 것은 '지속성'이다. 그래서 정체기를 겪지 않고 운동을 할 수 있는 방법을 찾는 것은 매우 중요하다.

정체기를 최대한 오지 않게 하는 것이 중요한 포인트다. 다이어트를 하는 사람들은 머릿속에 식단에 대한 생각으로 가득하다. 몇 시부터는 음식을 먹지 말아야 하고, 이건 먹으면 안 되고, 저것도 먹으면 안 되고. 정확한 시간에 무게까지 재어 정량의 음식만 먹는 습관들. 이런 것이 목표 달성의 측면에서는 틀렸다고 볼 수 없다. 하지만 그것을 유지하기는 절대 쉽지 않다. '몸의 소비심리' 때문이다.

몸은 음식을 섭취하는 만큼 움직이고 싶어하고, 또 움직이면 그만큼 음식을 흡수하고 싶어하는 성질을 가지고 있다. 그런데 다이어트를 할 때는 이 순리를 거스르게 된다. 음식은 들어오지 않는데 움직임만 많아지는 상황이 되는 것이다. 그러면 몸은 스스로 생존하기 위해 '지방 축적' 모드로 전환하여 조금이라도 열량이 지방으로 변환시켜 체내에 저장한다.

이렇게 된다면 오히려 역효과가 날 수 있다. 적게 먹지만 지방은 많이 축적되는, 효율적이지 못한 상황이 벌어지는 것이다. 그러면 더 이상 몸무게는 줄지 않고, 동시에 스트레스를 받는다. 이렇게 무리한 다이어트는 실패로 끝나고 만다.

물론 선수는 다르다. 그들은 자신의 몸을 잘 알고 있고 그것이 직업이기 때문에 좋든 싫든, 무조건 해야 한다. 그리고 선수들은 각자 자신의 슬럼프를 극복하는 노하우를 가지고 있다. 하지만 일반인들은 다르다. 한 번의 정체기로 지금까지의 노력을 모두 놓칠 수도 있다.

몸무게를 줄이기 위한 식단과 운동을 설계할 때 나는 '먹고 싶은 것이 있으면 먹으라'고 말한다. 그러면 회원들은 의아한 표정으로 묻는다. '정말요? 그래도 돼요?'라고. 실제로 엄청나게 많은 양이 아니고서는 먹고 싶은 것을 먹는 것은 큰 문제가 되지 않는다. '당근과 채찍'이란 말을 잘 알 것이다. 사람도 똑같다. 맛있는 당근을 주고 몸을 채찍질해야 훨씬 더 효율적이고 지속적으로 다이어트를 할 수 있다.

불변의 법칙이라는 건 없다. 당연히 휴식도 해야 하고, 때로는 계획에서 빗나갈 줄도 알아야 한다. 그 안에서 옳고 그름을 판단할 수 있는 자신만의 기준이 생길 것이고 그렇게 되면 자신만의 노하우를 얻을 수 있다.

운동도 마찬가지다. '무조건'이라고 법칙을 세우고 그렇게 해서 된다면 좋겠지만, 안타깝게도 그런 탁월한 절제력은 누구나 가질 수 없다. 한 번쯤 몸을 제대로 만들어 본 사람들은 알겠지만 식욕을 참으면서 고통스러울 만큼 운동하는 것은 엄청난 스트레스를 동반한다. 그렇게까지 했는데 정체기가 온다면 누구나 포기하고 싶어진다.

그래서 우리는 고민해야 한다. 정체기를 어떻게 하면 오지 않게 할 수 있을까에 대해서 말이다. 혹시나 정체기가 찾아온다면 그것을 빠르게 벗어나는 방법에 대해서도 생각해봐야 한다.

이왕 맞은 정체기라면 즐겨봐도 좋겠다. 차라리 일주일에 한 번은 놓아버리자. 운동도 식단도. 스스로에게 자유를 주는 날로 정하고, 먹고 싶은 것은 먹고 운동도 하지 말자. 단지 먹고 싶은 것을 '마음껏' 먹지는 말자. 실천 가능한 기준을 세우고 욕구를 채우면 오히려 쉽게 정체기를 극복할 수 있다.

독하게 몰아치는 것도 필요하지만, 때로는 자신에게 보상도 주면서 스스로를 타이를 줄 아는 사람이 프로다. 그래야만 몸뿐만 아니라 인생의 정체기도 피할 수 있고 또 극복할 수 있다.

뭐든 '무조건'이라는 건 없다.
휴식도 있어야 하고 때로는
빗나갈 줄도 알아야 한다.
그 안에서 옳고 그름을 판단할 수 있는
자신만의 기준을 세우고,
자신만의 노하우를 터득해야

나만의 루틴을 찾을 수 있다.

2

탄수화물 줄이기는
밥 한술 남기기부터

**조금이라도 망설여지거나 죄책감이 든다면
그것은 먹지 않는 것이 맞다.**

세상에는 정말 맛있는 음식이 많다. 사람이 인생을 살면서 느낄 수 있는 행복감 중에 '먹는 즐거움'은 세 손가락 안에 꼽는다. 하지만 부득이하게 몸을 만들 때 사람들은 식단관리를 통해 몸을 만든다. 물론 음식 조절은 보기 좋은 몸을 만들기 위해서는 필수 조건이다.

일반인이 몸을 만들기 위해 식단 관리를 하는 것은 전문가보다 훨씬 더 힘들 수밖에 없다. 사회생활에서의 제약, 운동에 적응하기까지의 과정 등 장애물이 수두룩하다.

하지만 '살 빼기'가 아닌 '건강한 몸'으로 초점을 이동하면 조금 다르다.

우리가 먹는 많은 음식에는 여러 가지 영양소가 들어 있고, 그 영양소들은 과하지만 않다면 우리가 생활하는 데 큰 도움을 준다. 아니 오히려 모든 음식은 사람이 살기 위한 필수 에너지원이 된다. 몸을 만들기 위해 음식에 대한 모든 욕구를 억누르며 쫄쫄 굶기만 해서는 안 되는 이유다.

살이 찌거나 몸매가 망가지는 사람들 대부분은 좋지 않은 식사 습관을 가지고 있다. 우리나라 사람들의 식단에는 염분이 많은 음식이 생각보다 훨씬 많다. 심지어 탄수화물로만 구성된 식단도 많다. 많은 사람들이 이렇게 굳이 섭취하지 않아도 되는 열량들까지 섭취하고 있다. 그래서 살이 찌고 몸이 망가지는 것이다.

그래서 나는 몸 관리를 시작한 사람들에게 음식을 먹을 때 '적당히 먹으라'고 말한다. 이것은 나의 몸에 새겨진 경험에 기인한 것이기도 하다.

내 어린 시절 별명은 '돼지'였다. 중학교 3학년이 되었을 때는 체중이 100킬로그램에 육박했고, 키까지 큰 편이어서 어딜 가든 눈에 띄었다. 당시 음식은 누구에게도 양보하지 않을 정도로 먹는 것을 좋아했고, 굳이 배가 터질 때까지 먹곤 했다.

그러다 보니 몸무게가 많이 늘었고 내 어린 시절 사진은 늘 뚱뚱한 상태였다. 고등학교에 올라가면서 체대에 지망하겠다는 목표가 생겼고, 몸집은 컸지만 운동을 좋아했던 나는 살을 빼는 게 최우선이라고 생각했다. 그래서 쌍문역에서부터 성신여대입구역에 있는 학교까지 매일 왕복 20여 킬로미터를 걸었다. 나중에는 옆 학교 아이들까지 걸어서 등하교하는 나를 알 정도였고, 그렇게 열정적이고 독하게 살을 뺐다.

내가 먹는 것에 대한 욕심을 버리는 데 가장 효과를 본 방법은 '밥을 남기는 습관을 들이는 것'이었다. 그렇다고 남들처럼 반 공기로 뚝 자르는 것은 아이였고, 밥 한 공기를 열심히 먹다가 마지막 한 숟가락을 남기는 방법이었다. 탄수화물을 줄이겠다는 의지였다.

별일 아닌 것 같지만, 먹는 것을 그렇게 좋아했던 내가 밥 한 술을 앞에 두고 수저를 놓는 것은 여간 어려운 일이 아니었다.

처음에는 '뭐 이거 한 숟가락 안 먹는다고 살이 빠지겠어?'라고 생각하면서 여러 번 실패했지만 노력하다 보니 한 숟갈씩 남기는 것에 익숙해졌다. 그렇게 하다 보니 밥 한 공기가 3분의 2공기가 됐고, 어느새 반 공기로 줄었다. 먹는 것에 대한 욕심이 밥 한 숟갈에 달려 있었던 것이다. 그렇게 나는 운동과 음식 조절을 병행해 당당히 체대에 입학했다.

대학에 입학할 당시 나는 누구나 부러워할 만큼 늘씬한 몸의

라이프 밸런서

소유자였다. 그 후로 운동에 대한 열정은 식지 않았고 지금의 자리까지 왔다. '돼지'라는 별명을 학창 시절 내내 달고 다녔던 소년이 지금은 대한민국에서 내로라하는 셀럽들을 트레이닝하고 있는 스타 트레이너가 되어있는 것이다.

여러분도 충분히 할 수 있다. 먹고 싶은 것은 먹어라. 그리고 운동하면 된다. 다만 나트륨과 탄수화물은 줄여라. 국물 다 마시지 않기, 밥 한 숟갈 남기기처럼 어렵지 않은 것부터 시도하길 권한다.

음식 조절에 한 가지 더 기준을 주자면 '이 음식을 내가 지금 이 시간에 먹어도 될까?' 하는 고민이 들 때는 먹지 마라. 조금이라도 망설여지거나 죄책감이 든다면 그것은 먹지 않는 것이 맞다.

여러분의 몸은 이미 알고 있다. 얼마큼 먹고, 얼만큼은 먹지 말아야 하는지. 또는 어떤 음식은 먹고 어떤 음식은 먹으면 안 되는지. 본능적으로 알아차리는 몸의 신호를 굳이 머리로 이겨내려고 하지 말아야 한다. 마음의 소리에 한두 번 귀 기울여본다면 아침이 편해질 것이고 그것이 반복되다 보면 어느새 여러분은 건강하고 가볍고 아름다운 몸을 가지고 있을 것이라고 나는 확신한다.

음식을 절제하는 방법은 가장 단순히 가자. 먹어도 되는 것과 먹으면 안 되는 것, 어느 정도는 먹어도 되는 것, 아침에는 먹어도 되지만 저녁에는 먹어도 되는 것 등 어려운 기준을 세울수록 지키기 어렵다.

일상생활에서 가장 가볍게 시작해보라. 어느 순간이 되면 먹고 싶은 만큼 먹어도 살이 많이 찌지 않는 몸으로 변화하게 될 것이다.

몸은 이미 알고 있다.
얼마큼 먹고, 얼만큼은 먹지 말아야 하는지.
또는 어떤 음식은 먹고 어떤 음식은 먹으면 안 되는지.

본능적인 몸의 신호를 굳이 머리로 이겨내려고 하지 말아야 한다.
마음의 소리에 한두 번 귀 기울이면 아침이 편해질 것이고,
그것이 반복되다 보면 어느새 당신은
건강하고, 가볍고, 아름다운 몸을 가지고 있을 것이다.

3

운동만큼
휴식이 중요하다

운동을 잠깐 그만두는 휴식도 필요하다.
그렇게 해야만 우리가 가고자 하는 곳까지 끝까지 갈 수 있다.

운동하는 사람들은 보통 시간이 지나면 운동에 대한 집착이 생긴다. 때로는 강박증상까지 보이는 경우도 있다. '운동중독'이다. 하루라도 나가서 뛰지 않으면 불안하고, 불가피하게 며칠 근육운동을 하지 못하면 몸이 아픈 것처럼 느껴진다. 나중에는 죄책감까지 생기면서 고개를 푹 숙이고 트레이너를 만나러 온다.

10년 넘게 운동을 하면서 나는 개인적으로 운동보다 중요한 게 휴식이라고 생각한다. 미리 짜놓은 스케줄에서 크게 벗어나지만 않는다면 나는 무리하게 운동을 권하지 않는다. 운동하면서 피곤한 몸은 오히려 역효과를 낼 수 있기 때문에 휴식을 취하는 것은 운동만큼, 아니 운동보다 더 중요하다.

운동 후 휴식이라고 하면 보통 사람들은 신체적 휴식만을 생각한다. 물론 신체적 휴식이 기반 되어야만 몸이 회복되어 다시 운동할 수 있는 상태의 컨디션을 만들 수 있다. 그런데 신체적 휴식만큼이나 중요한 것이 정신적인 휴식이다.

정신적 휴식은 운동 때문에 받는 몸의 스트레스나 정신적인 스트레스를 해소하는 데 도움이 된다. 정체기를 극복을 위해 제시한 '당근과 채찍' 기법을 떠올려보자. 운동을 열심히 하면서 절제된 식단을 유지하다가 딱 하루 맛있는 음식을 먹는다면? 그러면 절제된 먹고 싶은 것을 먹지 못하는 데서 오는 정신적인 스트레스가 해소되기 때문에 그다음 단계의 운동을 할 수 있는 동력을 얻을 수 있다.

사람마다 다르겠지만, 하루쯤은 운동에서 벗어나 친구들을 만나 수다를 떨거나 여행을 가거나 영화를 보면서 운동에 대한 스트레스와 집착을 벗어내는 방법도 있을 수 있다.

우리가 목적으로 하는 긴 시간 동안 건강한 몸만들기를 하려면 더더욱 힘들 수 있다. 그래서 운동을 중요하게 생각하되 운동을 잠깐 그만두는 휴식도 필요하다. 그렇게 해야만 우리가 가고자 하는 곳까지 끝까지 갈 수 있다.

보통 운동에 미쳐 있는 사람들은 단 하루라도 휴식이나 운동을 벗어나는 상황을 견디지 못한다. 나도 마찬가지로 하루라도 운동을 하지 않으면 죄짓는 것 같고 열량이 높은 음식을 먹으면 불안해하던 시절이 있었다. 그런데 재미있는 일은 실제로 운동이나 식단 관리를 열심히 하지 않는 사람들도 비슷한 강도의 스트레스를 받는다는 점이다. 몸은 움직이지 않으면서 그저 마음의 부담만 지고 있는 것이다.

만일 당신이 그런 상황이라면 생활 안에 자연스럽게 운동을 넣어보길 권한다. 지하철 한 정거장 진에 내려서 집까지 걸어가기, 엘리베이터 타지 않기 등 일상에서 할 수 있는 손쉬운 방법으로 습관을 들일 수 있다. 그런 일상운동은 분명 당신의 몸을 변화시킬 것이다. 그 다음은 쉽다. 그 안에서 라이프스타일을 조금씩 바꿔가는 것이다.

쉬기로 결심한 기간 동안 운동은 하면 안 되느냐는 질문도 많이 받는다. 억지로 참는 것보다 운동하는 게 좋다. 그렇게 운동이 일상으로 받아들여지기 시작하면 운동이 휴식이 되고, 더 이상 피곤한 일이 되지 않는다.

운동하는 삶은 정말로 아름답고 건강하다. 그러나 그만큼의 휴식을 병행하지 않는다면 자신이 좋아하는 그 아름다운 라이프스타일이 어느 순간 깨져버릴 수 있다. 무조건적인 운동, 무조건적인 휴식은 도움될 게 없다. 오히려 몸에 독이 된다. 운동과 휴식, 이 당연한 조화를 놓치지 말자.

정말 몸에 최선을
다하고 있는가?

여러분에게 묻고 싶다.
이 물음에 진지하게 본인 스스로 답해봐라.

예전에는 나이 든 사람들만 걸렸던 병에 걸리는 젊은 사람들을 적지 않게 볼 수 있다. 현대인의 생활패턴이나 식습관, 넓게는 환경까지 몸에 악영향을 미칠 수 있는 것들로 둘러싸인 세상에 우리는 살고 있다. 그만큼 몸 건강에 신경을 써야 하는 나이도 빨라졌다.

사람들은 보통 자기 일이 아니면 마치 아주 다른 사람들의 일처럼 생각하고 크게 신경 쓰지 않는다. 그러다 보니 정말 아프기 전까지는 전혀 신경을 쓰지 않는다. 나 역시 그렇다. 회원이나 주변인들이 아프면 어느 병원으로 가는 게 좋을지까지 상세하고 친절하게 설명한다. 그러면서 정작 내 몸이 아프면 자신감 하나로

"내일이면 괜찮아질 거야"라고 생각하고 만다.

인간의 몸은 기본적으로 재생능력을 가지고 있지만 그 능력은 나이가 들어감에 있어서 서서히 약해질 수밖에 없다. 이러한 문제 말고도 비만환자의 급증 등 여러 가지 문제들이 현대인들의 몸을 철저하게 망가트리고 있다.

그중 가장 큰 문제가 '스트레스'이다. 사람들은 스트레스라는 단어를 입에 달고 살지만, 자신을 갉아먹는 그 스트레스를 해소하는 방법에 대해서는 모르거나, 알아도 이런저런 핑계를 대며 실천하지 않거나, 아니면 잘못된 방향으로 풀어낸다.

스트레스를 해소하는 가장 좋은 방법은 자신만의 건강한 취미를 만드는 것이다. 모든 사람이 알고 있지만 잘 하지 않는 방법이다. 예를 들면 등산, 또는 조깅 등 몸의 건강을 위해서 하는 일들, 그림을 그린다든가 아니면 꽃꽂이를 한다거나 음악을 듣는다거나 하는 정신적인 건강을 관리하는 방법 등 어찌 보면 굉장히 건전한 일이다. 그리고 가장 손쉽게 하는 방법이기도 하다.

친구를 만나 신 나게 수다를 떨거나 책을 읽는 것도 정신적인 스트레스를 푸는 방법 중 하나다. 그러나 보통의 사람들은 스트레스를 받으면 술을 마신다거나 폭식을 한다거나 하는 몸과 정신에 좋지 않은 행동들을 한다.

물론 어느 정도의 음주나 음식 섭취는 건강을 해치지 않는다. 오히려 그것들이 본인의 스트레스를 푸는 하나의 좋은 방법일 수도 있다. 적당하다면 말이다. 하지만 그렇지 않은 경우가 대부분이다. 그렇게 되면서 생활 패턴은 깨지고 몸의 컨디션이나 정신적인 컨디션 또한 무너지게 된다.

젊은 나이이기 때문에 괜찮다고 생각하는가? 절대로 그렇지 않다. 여러 가지 외부 조건들에 의해 몸은 점점 나빠진다. 나는 확신할 수 있다. 젊었을 때부터 패턴이 깨진 생활을 하다 보면 점점 건강에 손상이 가고, 결국 그것이 몸뿐만 아니라 당신의 생활 자체에 악영향을 미친다.

'술을 마시지 말라', 또는 '몸을 망치는 습관들을 버려라'라고 단정지어 말하고 싶지는 않다. 그것은 본인의 선택이고, 때로는 즐거움을 주기 때문이다. 그러나 그로 인한 결과는 본인이 감수해야 함을 잊지 말자.

어릴 때는 공부하는 것이 괴롭지만, 그래도 학교에 다니면서 지식을 쌓는 것은 미래에 대한 하나의 중요한 준비 과정이다. 그런 여러 가지 경험이나 공부를 통해 우리는 대학을 가고 입사를 하고 미래에 대한 꿈을 가지고 그 꿈을 이뤄나간다.

그렇게 12~16년이라는 시간을 학교라는 공간에서 사회로 나가기 위해 웅크리면서 준비를 한다. 굳이 공부가 아니어도 그 시간을 어떻게 준비하느냐에 따라서 많이 달라지는 것이 인생이다.

몸도 크게 다르지 않다. 긴 시간을 들여서 준비해야 한다. 내가 건강을 잃지 않도록 말이다. 그게 어떤 방법이어도 상관없다. 굳이 운동이 아니어도 좋다.

나는 트레이너이기 때문에 여러분에게 몸에 관한 얘기밖에 해 줄 수 없다. 그런데 그것이 인생을 살아가는 데 있어서 가장 중요한 부분이라고 확신한다.

자, 이제 내가 여러분에게 마지막으로 묻고 싶다. 이 물음에 진지하게 본인 스스로 답해봐라.

건강하게 살고 싶은가? 그렇다면, 정말 당신의 몸에 대해 최선을 다하고 있는가?

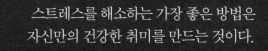

스트레스를 해소하는 가장 좋은 방법은
자신만의 건강한 취미를 만드는 것이다.

그러나 보통의 사람들은 스트레스를 받으면
술을 마신다거나 폭식을 한다거나 하는
몸과 정신에 좋지 않은 행동들을 한다.

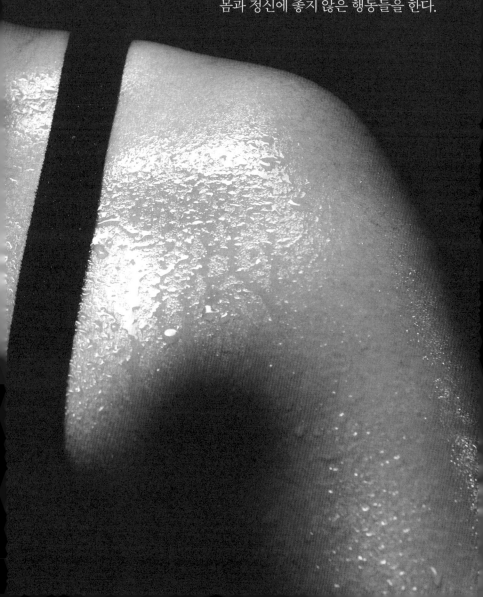

몸에 대한 잘못된 오해들에 답하다

본격적으로 운동을 시작하고 몸을 만들면서 건강, 운동, 식습관에 대해 많은 궁금증이 생길 것이다. 여기서는 내가 가장 자주 듣는 몸에 대한 몇 가지 질문들에 답해보겠다.

 집중하여 몸을 관리하는 동안에는 술을 한 방울도 마시면 안 되나요?

 세상에 먹지 못하는 음식은 있어도 먹지 말아야 할 음식은 없다. 술도 마찬가지다. 술의 주성분인 알코올에 대해 조금이라도 이해한다면, 술은 먹지 말아야 할 음식이 아니라, 조심해야 할 음식이라는 것을 알 수 있다.

나는 알코올을 '빈 칼로리'라고 말한다. 이유는 '열량은 높으나, 영양소는 없기 때문'이다. 1g당 7kcal의 열량을 내는 알코올은 열량만 봐서는 탄수화물, 단백질(1g당 4kcal)과 지방(1g당 9kcal)의 중간 정도 열량을 낸다. 하지만 위에서 말한 세 가지 영양소와는 비교할 수 없다. 영양소가 0이기 때문이다.

당신이 친구들과 즐겁게 보내는 술자리에서 마시는 소주 한 병이 밥 한 공기, 돼지고기 삼겹살 100g, 닭가슴살 200g 정도의 열량(kcal)과 비슷한데 가지고 있는 영양소는 없다는 말이다. 또한, 알코올은 에너지를 사용할 때(열량을 소모할 때) 최우선 순위로 사용되려는 경향이 있기 때문에, 알코올을 섭취한 만큼 열량 소모를 위해 시간을 투자해야 한다.

술을 마시는 것 자체는 문제가 되지 않는다. 중요한 것은 '어떤 목적을 가지고 몸을 집중 관리 하느냐'와 '술을 마신 뒤에 느슨해지는 통제력을 얼마나 잘 관리할 수 있느냐'이다.

보디빌딩, 피트니스 시합에 참가하는 선수들의 경우, 운동, 음식 조절, 컨디션 관리 등 전반적인 효율성을 낮출 수 있기에 술은 마시지 않는다. 하지만 건강을 위한 목적으로 몸 관리를 하는 대부분 사람은 그만큼의 부담을 가지지 않아도 된다.

폭음을 하지 않는 한 술 때문에 다이어트를 망치지 않을까 하는 두려움은 가지지 않아도 좋다. 하루 소비 열량 내의 범위라면 음식의 종류는 큰 문제가 되지 않는다. '무조건 안 된다'고 생각하지 말자. 때로는 그런 강박감이 좋지 않은 결과를 초래할 수 있다.

A 선천적, 후천적으로 근육 성장을 저해시키거나 막는 질병 또는 질환이 있는 게 아니라면, 근육은 자극에 의한 반응으로 성장하도록 설계되어 있다.

단, 사람의 체질 및 체형, 운동에 참여하는 빈도와 강도, 하루 음식 섭취량 및 영양소, 생활패턴 등에 따라 성장 속도는 다를 수 있다. 몸도 하나의 기계이기 때문에 아무리 높은 강도로 꾸준히 운동을 하더라도 성장을 위한 정확한 설계나 계획이 없다면 효율성이 떨어질 수밖에 없다.

똑같은 식재료를 가지고 똑같은 음식을 만들더라도 재료값 2~3배 이상의 가치를 하는 음식을 만드는 사람이 있는가 하면, 그대로 쓰레기통으로 직행해도 될 음식을 만드는 사람이 있다. 같은 옵션의 같은 자동차를 같은 날 구매할지라도, 어떻게 관리하느냐에 따라 자동차의 수명이 달라질 수 있다.

아무리 노력해도 되지 않는다고 생각하고 있다면, 상황에 좌절하지 말고 나를 돌아보는 시간을 가지자. 놓치고 간 부분이 분명히 있을 것이다. 또 절대로 조바심내지 말자. 몸은 내가 투자한 만큼, 내가 생각하는 만큼 빠르게 바뀌지 않는다.

A 잘 알고 있겠지만, 물은 몸의 필수 구성요소 중 하나이다. 체중의 2% 수분 상실은 유산소에, 3% 수분 상실은 근력에 악영향을 끼칠 수 있다. 심지어 10%가 넘게 떨어지면 사망에 이를 수 있다.

또 물은 우리 몸 곳곳에 영양분을 나르는 '고속도로' 역할도 한다. 수분 섭취가 제대로 이루어지지 않는다면 당신의 체내 영양분은 좁은 비포장 도로로 이동하는 것이고, 충분한 수분 섭취가 이루어진다면 편도 4~5차선 이상의 넓고 잘 닦인 도로로 이동하는 것과 같다.

성인을 기준으로 권장 수분 섭취량은 체중 20kg당 1리터이다. 국인 평균 체형의 성인 남자라면, 건강을 위해 하루에 3리터 이상의 물을 마셔야 한다. 하지만 현대인들의 수분 섭취량은 턱없이 부족하다. 이유는 물의 중요성 자체를 모르는 것부터 화장실을 자주 가야 하는 귀찮음까지 다양하다. 그렇지만 내일부터 당장 물을 2리터 이상 마시는 습관을 들이기는 쉽지 않다.

자신의 하루 수분섭취량을 측정하고 단계적으로 늘려나가는 것을 권장한다. 한번에 많은 운동을 한다고 효과가 좋은 것이 이닌 깃처럼, 한번에 많은 수분을 섭취했다고 금세 건강해지는 것은 아니기 때문이다. 무엇이든 꾸준하게 유지하고 증진하는 지속성을 갖자.

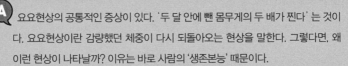

Q **하루라도 운동을 빠지면 죄책감이 드는데요,
바로 요요현상이 있을까요?**

A 요요현상의 공통적인 증상이 있다. '두 달 안에 뺀 몸무게의 두 배가 찐다'는 것이다. 요요현상이란 감량했던 체중이 다시 되돌아오는 현상을 말한다. 그렇다면, 왜 이런 현상이 나타날까? 이유는 바로 사람의 '생존본능' 때문이다.

인간이 생존, 활동, 소화하는 데 필요한 하루 에너지양은 각기 다르다. 따라서 생존하기 위한 최소한의 섭취가 이루어져야 한다. 하지만 빠른 결과를 위한 극단적 섭취 제한은 우리의 생존 본능을 자극하게 되고, 체내에서는 최소한의 에너지를 사용하면서 가지고 있는 영양소는 빼앗기지 않으려 노력한다.

슬프게도 생존에 가장 필요한 영양소는 지방이기 때문에, 필요 이상의 섭취 제한을 하면 체중은 줄일 수 있으나 지방량이 줄어드는 데에는 한계가 있다. 동시에 섭취하고자 하는 식욕은 극대화되어 음식물을 섭취하는 순간, 몸은 이곳저곳에 저장하려고 아우성을 친다. 활동이 줄어들어 평균 에너지 소비량은 줄어든 상태에서 조금이라도 그 이상의 섭취가 이루어진다면 우리 몸에 체지방이 쌓이고 체중이 늘어나는 것은 시간문제일 것이다.

평생 식욕을 제한하며 살 수 있는 사람이라면, 이러한 방법을 선택하는 것을 말리지 않겠다. 하지만 평생 먹고 싶은 음식을 못 먹고 살 수는 없기에 대부분 사람에게는 권장하는 방법은 아니다.

항상 얘기하는 운동, 섭취에 대한 지속성이 바탕된다면, 앞으로 요요현상에 대해 걱정할 필요가 없을 것이다.

온종일 굶었다 해서 내일 당장 건강에 큰 변화가 있는 것은 아니다. 오늘 하루 많이 먹었다 해서 내일 당장 체중에 큰 변화가 생기지도 않는다. 단 하루 엄청난 운동량으로 운동을 했다고 해서 다음날 드라마틱하게 몸이 좋아지지는 않는다.

마찬가지로, 하루 운동을 하지 않았다 해서 내일 몸, 건강에 큰 문제가 생기는 것이 아니다. 중요한 것은, '지금 하고 있는 것을 얼마만큼 꾸준히 하느냐'이다. 꾸준함은 탁월함을 능가한다.

Q 처음 운동을 시작할 때 관절이 아픈 것은 적응기에 다 겪는 일인가요?

A 누구나 겪는 일은 절대로 아니다. 회원들을 지도하다 보면, 관절에 대한 통증을 호소하시는 분들을 자주 볼 수 있다. 아니 점점 늘어나고 있다고 느낄 정도이다.

상담을 통해 과거 사고 및 부상 이력을 확인하고, 테스트를 해보며 예측하고, 현재 회원의 몸 상태가 운동할 수 있는 상태인지 아닌지를 판단하고 올바른 정보 전달 및 운동을 지도하는 것이 트레이너로서의 내가 해야 할 일이자 임무이다. 그러나 트레이너는 몸에 대한 의학적 진단을 하는 의사가 아니므로 함부로 몸 상태를 판단할 수 없다. 아무리 회원이 괜찮다고 하더라도 그 회원의 몸 상태가 조금이라도 문제가 있는 것 같다고 생각이 들면 병원에 가서 정확한 진단을 받길 권한다.

의사의 소견상 이상이 없지만, 운동 초기 관절에 통증이 있다면, 내가 바른 자세로 운동하고 있는지, 현재 운동 강도가 나에게 적합한지, 너무 갑자기 몸을 사용하는 것은 아닌지, 나의 체력 상태가 눕거나 엎드려서 하는 운동 정도의 수준인데 점프를 하거나 심하게 뛰고 있지 않은지 생각해 볼 필요가 있다. 몸은 정직하기에, 몸에서 보내는 통증은 반드시 이유가 있다. 그러므로 조금이라도 이상이 느껴진다면 바로 원인을 찾아 제거해야 한다.

건강을 위해 시작한 운동이 몸을 망쳐서는 안 된다. 항상 생각하자. 우리가 운동하는 가장 큰 목적과 이유는 바로 '건강한 삶을 위해서'라는 것을.

Q 여자는 유산소운동, 남자는 근육운동에 집중해야 효과가 있나요?

A 남녀 비율이 비슷하게 어우러져 진행되는 운동보다는 남성, 여성 한쪽 비율이 높은 운동들을 쉽게 볼 수 있다. 예를 들어, 헬스는 남성이, 필라테스나 요가 같은 운동은 여성이 많은 분포를 차지한다. 물론 예전보다는 많이 나아졌지만 말이다.

또, 운동 기구 안에서도 분포가 나뉘는 것을 볼 수 있다. 유산소 운동 기구에는 여성이, 웨이트 머신에는 남성이 자리를 많이 차지하고 있다. 그렇다면 질문대로 정말 성별로 효율적인 운동이 있는 걸까?

내 생각에는 그렇지 않다. 성별을 나누기 전에 우리 인체의 기본적인 조직 구성은 같다. 개개인별로 뼈, 근육의 길이, 체형, 성별 호르몬분포 등은 다를 수 있다. 하지만 인간으로서의 조직 구성은 매한가지이기에 성별로 효과적인 운동을 나누는 것은 맞지 않다고 생각한다.

게다가 사람의 라이프스타일은 개인마다 다르다. 태어나고 자라는 과정에서 겪는 환경은 개인마다 다르고, 현재 하는 일이 다르기에 단순하게 성별로 효율적인 운동을 나누는 것은 어렵다.

마지막으로, 인간의 성격 및 성향은 성별과 별개일 수 있다. 남성성이 강한 여자가 있고 여성성이 강한 남자가 있다. 활동적인 여성이 있는가 하면 조용하고 정적인 남성이 있다. 이런 성향 및 성격은 단순히 성별로 구분할 수 없기에, 자신의 성격과 성향에 맞는 운동을 선택하는 게 바람직하다.

타인이 한다고 쉽게 따라 하지 말고, '왜 나는 운동을 하려는 걸까?', '어떤 목적으로 운동을 시작할 것인가?', '나의 현재 몸 상태는 어떠하며, 내 몸은 어떤 특징을 가지고 있는가?'에 대해 스스로 물으며 각자에게 맞는 운동을 선택하길 바란다.

그렇게 선택한 운동을 지속하고 집중한다면, 여러분은 몸과 마음의 건강을 얻을 수 있을 것이다.

CHAPTER
4

셀럽들의 라이프 밸런스

1

광고하지 않아도
찾아오는 트레이너

그들의 삶에 녹아들어 늘 최고의 퍼포먼스를 낼 수 있도록
컨디션을 조절해주고, 나아가 멘탈까지도 관리할 수 있어야 한다

나는 수많은 셀럽들을 트레이닝하고 있는 트레이너이다.
2PM, 2AM, BTS, GOT7, 박보영, 윤박, 손나은, 유이, 나나, 옴므,
joo, 우주소녀, 성소 등등 이름만 들어도 알만한 셀럽들을 트레이
닝하고 있고 했었다. 하지만 나도 그렇지 않은 시절이 있었다.

트레이너로 입문했을 때 새벽마다 현수막을 20개씩 들고 나가
서 나무와 나무 사이, 전봇대와 전봇대 사이에 달았고, 점심시간
에는 전단지를 들고 나가서 행인들에게 뿌리면서 체육관 홍보를
했다. 그런데 그렇게 하다 보니 나 스스로 자존감이 낮아지는 것
같은 기분이 들었다.

자존심도 많이 상했다. 나는 운동을 가르치는 선생이 되고 싶은데 왜 전단지를 뿌리고 있을까, 하는 생각과 동시에 '내가 잘할 수 있는 일은 이게 아닌데'라는 생각도 들었다. 그때부터인지 몰라도 나는 그 뒤로 나에 대해 또는 내가 운영하는 곳에 대해 그런 식의 홍보를 해본 적이 없다.

물론 이런 나의 방법이 맞다고는 얘기할 수 없다. 나는 그저 내 신념에 반하는 행동을 하기 싫었을 뿐이다. 네가 경험해보니 나와 맞지 않다는 것을 알게 되었고, 그에 상응하는 행동을 했다.

누구에게나 자신에게 맞는 방법이 있다. 하지만 경험해 보지 않고는 절대 그것을 알 수 없다. 그 어떤 전문가도, 책이나 매체에서도 알려줄 수 없다. 그들은 내가 아니지 않은가.

나의 절대적인 믿음 중의 하나는 '경험'이다. 경험 없이는 그게 중요한 것인지 아닌지 맞는 것인지 틀린 것 인지에 대한 기준이 생길 수 없다. 조언은 그냥 조언일 뿐이다.

경험이라는 건 움직이거나 때로는 도전하지 않으면 느낄 수 없는 소중한 나의 자산이다. 그 시기 나는 가진 것이 없었기에 뭐든 할 수밖에 없었다. 누군가는 그런 나를 측은하게 보겠지만 나는 오히려 상황에 감사했다. 남다른 경험이 '트레이너 김진우'를 성장시키는 계기가 되었기 때문이다.

라이프 밸런서

그 시절을 지나 진정한 트레이너로서의 나의 자존감이 완성되고 자리를 잡을 수 있었다.

나는 내가 그렇게 특별하다고 생각해 본 적은 없다. 처음에 누구와 함께 일하다 보니, 또 다른 누군가가 왔고, 그를 본 또 다른 누군가가 왔다. 그렇게 계속해서 좋은 사람들이 찾아오다 보니 지금 자리까지 왔다.

주변 사람들에 나에게 많이 하는 말 중 하나가 "왜 그렇게 많은 연예인을 데리고 있으면서 광고를 하지 않느냐"는 것이다. 그러나 나는 그 부분에 대해서는 크게 생각해보지 않았다. 아니, 정확히 말하면 생각하고 싶지 않았다는 표현이 맞다. 그 내면에는 '굳이 유명인들을 이용할 필요가 있을까?'라는 생각이 있다.

질문을 받을 때마다 나는 되묻는다. "내가 그렇게 해야 하는 이유는?" 돌아오는 답은 거의 비슷하다. 그래야 사람들이 많이 오고 돈을 많이 벌지 않겠느냐는 것이다. 돈이라는 건 중요하다. 특히나 우리나라에서는 돈이 그 어떤 가치보다 앞선다는 걸, 나는 누구보다 잘 알고 있다. 하지만 어렵고 힘든 삶을 살아오다 보니 더 중요한 것이 있었다. 바로 자존심이었다.

나에게 자존심이란 '내가 실력이 있고 믿을만한 사람이라면 그들이 날 찾겠지'라는 생각이다.

나의 자리에서 내가 할 수 있는 최선을 다한다면, 누군가에게는 그 진심이 가 닿을 것이라고 믿고 있다. 지금까지 그 확신과 자신으로 비즈니스를 이어왔다.

이름과 얼굴이 알려진 셀러브리티들은 어떤 상황에서도 시선을 받을 수밖에 없다. 그래서 적어도 나와 함께하는 시간만큼은 다른 이들의 눈치를 보지 않았으면 하는 마음이 있다. 나를 믿고 찾아와주는 이들에게 내가 제공해야 하는 것은 편안하게 운동할 수 있는 환경과 명쾌한 솔루션뿐이다.

나에게 "연예인 트레이너가 되려면 어떻게 해야 하나요?"라고 질문한 신입 트레이너가 있었다. 나에게는 다소 황당한 질문이었지만 그는 너무나 진지했다. 그때 나는 이렇게 답했다. "연예인 트레이너가 어디 있어요. 그냥 트레이너지. 그 친구들도 똑같은 사람이에요. 당신처럼 그들을 특별하게 생각하면, 아마 죽었다 깨어나도 원하는 일을 할 수 없을 겁니다."라고.

그렇다. 그들은 연예인이라는 조금 특수한 직업을 가지고 있는 사람일 뿐이지, 특별한 사람들은 아니라고 나는 생각한다. 겪어 보니 어찌 보면 더 순수하고, 더 착하고 때로는 안쓰러운 친구이고 동생인, 그냥 똑같은 사람일 뿐이다. 어떻게 보면 이게 내가 가지고 있는 특별한 무엇일 수도 있겠다는 생각이 든다. 그냥 그들을 하나의 사람으로 봐주고 이렇다 할 특별함을 두지 않는 것.

라이프 밸런서

트레이너는 단순히 운동을 시키고 몸을 만들어주는 직업이 아니다. 가장 가까이에서 그들의 삶에 녹아들어 생활을 관리하고, 늘 최고의 퍼포먼스를 낼 수 있도록 컨디션을 조절해주고, 나아가 멘탈까지도 관리할 수 있어야 한다고 나는 생각한다.

그것이 나의 '진심'이고, 셀러브리티들이 자신의 몸과 마음을 믿고 맡기는 비결이다.

돈이라는 건 중요하다.
특히나 우리나라에서는 무엇보다 중요하다는 걸
나는 누구보다 잘 알고 있다.
하지만 어렵고 힘든 삶을 살아오다 보니 더 중요한 것이 있었다.

바로 '자존심'이었다.

이것은 우리 집이 망했을 때나, 외국 생활을 할 때나
비즈니스를 일궈가는 지금이나 변하지 않는 진리다.

2

그냥 그대로
그 자리에 있어주기

특별한 경우를 제외하고는 월화수목금토일
가리지 않고 그들이 원하는 자리에 있으려고 노력한다.

요즘 같은 시대에 진심을 가진 사람을 옆에 두는 것은 매우 어렵다. 각자 이기적인 생각과 행동들 때문에 일을 그르치는 경우를 주변에서 많이 볼 수 있다.

나는 주변에 사람이 꽤 많은 편이다. 아무래도 내가 하는 일 자체가 사람을 상대하는 일이라서 그런 것 같다. 어린 나이부터 많은 사람을 만나고 그들과 인연을 이어가면서 정말 좋은 사람도 보고, 나쁜 사람도 만나보았다.

감사하게도 나와 운동을 시작하는 분들은 기본 3~4년, 길게는 7년 이상 함께한다. 회원 이탈률이 높은 트레이닝 업계에서는 사실 이례적인 경우다. 게다가 가끔 전 국민이 알만한 유명인이 나를 찾아올 때면 '무엇 때문에 이 사람들이 나와 함께 할까?' 라는 진지한 질문을 하게 된다.

물론 실력이 중요하긴 하겠지만, 그것은 기본이다. 우리나라에는 나보다 실력이 월등히 좋은 트레이너들도 많다. 하지만 그것만으로는 오랜 시간 신뢰를 유지할 수 없다. 내가 이 일을 잘 해내는 비결은 결국 운동에서 늘 말하는 것과 같은 '꾸준함'인 것 같다.

회원이 말하는 나의 가장 큰 장점은 그들이 원할 때 그 자리에서 볼 수 있다는 것이다. 부득이하게 국내에 없는 경우를 제외하고는 월, 화, 수, 목, 금, 토, 일 언제든 요일과 시간을 가리지 않고 그들이 원하는 자리에 있으려고 노력한다. 물론 내 삶이 없을 수 있다는 단점이 있긴 하지만, 내가 이 일을 업으로 삼는 동안에는 나보다는 그들을 위해 있는 맞는다고 생각하고 그래서 그렇게 하고 있다.

연예인들은 화보 촬영, 중요한 방송, 컴백 무대 준비 등 특별한 관리가 필요할 때는 몇 시든 운동을 하러 찾아온다. 해도 뜨지 않은 이른 아침은 물론이고 늦게는 새벽 1시나 2시까지도 기다려야 한다.

한창 몸짱이 유행하던 시대에 '짐승돌' 컨셉으로 활동한 2PM은 유독 화보 촬영이 많았다. 당시에 단체로 찍는 광고가 있었는데, 한동안은 센터 옆 찜질방에서 출퇴근하며 트레이닝을 진행했던 기억도 있다.

이것은 특별한 일은 아닐 수도 있다. 누구나 할 수 있는 일이기도 하다. 하지만 그것을 길게 끌고 가는 꾸준함을 유지하는 것은 절대 쉽지 않다. 사람은 전보다 상황이 나아지면 안일해지기 마련이기 때문이다.

그때마다 생각하고 상기시켜야 한다. 그들에 대한 고마움과 내가 가고자 하는 목표, 그리고 내가 처음에 먹었던 그 마음들을. 만약 그것을 유지하지 못하는 상황이 온다거나 그것을 지키기 귀찮아지는 상황이 왔을 때는 심각하게 고려해야 한다. 내가 과연 이 일을 계속할 수 있을지를 말이다.

언제나 그대로 그 자리에 있기라는 게 생각보다 쉽지 않다. 비단 일에 국한된 이야기는 아니다. 가족, 친구와의 관계 등 인생을 함께하는 이들과 모두 관련된 이야기다.

어느 순간 당신의 그 꾸준함이 당연한 것이 되어 섭섭함을 느낄 수도 있다. 때로는 우선순위에서 밀려 손해를 볼 수도 있다. 하지만 걱정하지 마라. 그럼에도 불구하고 우직하게 그 자리에 그렇게 있는다면 모든 것은 다시 돌아올 수밖에 없다. 그게 세상의 이치다.

라이프 밸런서

일과 사람 관계에 있어서도 운동과 마찬가지로 꾸준함이 중요하다. 금방 좋은 결과로 보답받지 못할 수도 있지만 그 기다림의 시간 동안 당신은 더 단단하게 성장해 있을 것이다. 그렇게 때를 만나면 거짓말처럼 좋은 일들과 사람들이 물밀 듯 밀려올 것이다. 당신이 정말 최선을 다한다면 말이다.

이것은 특별한 일은 아닐 수도 있다.
누구나 할 수 있는 일이기도 하다.
하지만 그것을 길게, 꾸준히 끌고 가는 것은 절대 쉽지 않다.
전보다 나아지면 안일해지기 마련이기 때문이다.

그때마다 생각하고 상기시켜야 한다.
나를 이 자리에 있게 한 이들에 대한
고마움과 내가 가고자 하는 목표,

그리고 내가 처음에 먹었던
그 마음들을.

3

최고의 자리에 오른 이들은
그들만의 이유가 있다

최고의 자리에 오르고 싶으면
그들처럼 움직이고 행동하자.

트레이너라는 직업을 가지고 있다 보니 다양한 직업을 가지고 있는, 다양한 위치의 사람들을 만난다. 학생, 직장인, 연예인, 심지어 재벌가의 사람들과 각종 셀러브리티들까지 이 직업이 아니었으면 만나지 못했을 사람들과도 가까이 지내며 그들의 몸과 생활을 관리하고 있다. 나에게는 행운이기도 하다. 이토록 다양한 사람들을 만나고 그들과 속 얘기를 나눌 기회는 쉽게 만들 수 없기 때문이다.

나는 트레이너이기 때문에 운동에 임하는 자세와 끈기를 보면서 사람을 어느 정도 판단할 수 있다. 그중에서 정말 특출나게 나에게 큰 영감을 주고 나를 반성하게 하는 몇몇 사람이 있었다.

우리나라에서 '몸매 좋은 여자 연예인' 하면 다섯 손가락 안에 드는 연예인 나나. 걸그룹 에프터스쿨 출신으로 지금은 활발히 연기활동을 하고 있는 그녀와는 1년 좀 넘게 운동을 했다.

세계 미모 투표에서 1위를 한 적도 있고, 모델 출신이기도 하기에 혹시 타고난 조건을 믿고 게으르지 않을까 걱정했지만, 기우였다. 나나는 대단한 노력형이다. 사람들은 그녀를 어떻게 판단하고 있을지 모르지만 내가 봐온 보고 있는 그녀는 정말인지 잘될 수밖에 없는 사람이다.

나나가 처음 나에게 운동을 배우러 왔을 때 조금 놀랐었다.

'와 우리나라 사람에게서 저런 체형이 나올 수도 있구나!'라는 생각이 절로 들었다.

그녀는 일반인들과는 다른 신체를 타고났다. 몸의 비율 하며 이목구비가 누가 봐도 연예인이었다. 그런데 나를 더욱 놀라게 한 것은 그녀의 열정이었다.

보통 타고난 몸을 가지고 있는 사람들은 자신이 몸이 좋은 걸 안다. 그렇기 때문에 더 잘 유지하려고 노력하는 사람들도 있지만 그것만 믿고 더 가꾸지 않는 사람들이 더 많다. 나나는 전자의 케이스다. 엄청난 노력가이다. 가지고 있는 몸매가 너무 좋은데도 불구하고 식단부터 운동까지 나무랄 데 없이 열심히 관리한다. 스케줄이 없는 날은 거의 매일 운동을 하고, 스케줄이 있는 날도 12

시에 끝나면 새벽 1시에 지도를 부탁할 정도로 자신의 몸 관리를 위해 노력한다.

물론 그들의 삶 자체가 누군가에게 보여 주는 삶이기 때문이라고 생각할 수도 있겠지만 그렇다 해도 그것을 지키기 위해 모두가 같은 노력을 기울이지는 않는다. 심지어 트레이너인 나의 직업에 대한 정체성을 상기시켜줄 만큼 말이다.

그녀를 보며 이런 생각도 했다. '타고난 사람도 저 정도의 노력을 기울이는데 그렇지 못한 사람들은 어느 정도의 노력을 기울여야 하는 걸까.' 그런데 문제는 그렇게 타고난 걸 살리기 위해 노력하는 사람들이 아니라, 그렇지 못한 사람들의 빠른 포기라고 생각한다.

'나는 아무리 해도 되지 않으니까', '저걸 어떻게 따라가?'라며 상황 자체를 인정해버리고 머무르는 사람들. 그건 몸을 만드는 일에 국한되지 않는다. 모든 일과 연관되어 있다. 그런 사람들의 가장은 특징은 자신의 상황에 대한 부정적인 견해다. 앞에서 말했던 흙수저 얘기가 가장 큰 예이다.

나는 궁금하다. 그리고 그들에게 묻고 싶다.

"정말 안될 것 같아 포기하는 것입니까? 그냥 그저 그렇게 살아갈 만큼 인생의 길이 정해졌다고 생각하십니까?"라고 말이다.

세상에는 처음부터 가진 사람보다 그렇지 못한 사람들이 더

라이프 밸런서

많다. 가지지 못했다고 해서 그게 마치 자신을 막고 서있는 큰 벽이나 되는 것처럼 좌절하고 포기하고…. 얼마나 한심한 일일까? 더 죽자고 달려들어서 그것을 깨기 위해 노력해보지도 않고 그냥 그 상황에 묻혀서 진흙탕을 헤엄치고 있다.

나는 머무르는 순간 모든 것이 멈춘다는 생각으로 산다. 가진 것이 없이 살아왔기 때문에 머무를 수도 없다. 어찌 보면 그것만큼 간단한 답은 없는 것 같다. 더 생각하고, 더 움직이고 더 실행하는 것 말이다.

어느 분야가 되었던 어느 정도 자리에 올라있는 사람들은 다르다. 그들이 특출난 뭔가가 있을 수도 있다. 하지만 그들이 그것을 발견하고 노력해서 가꾸고 키우지 않았다면 과연 그 자리에 오를 수 있었을까? 아니라고 생각한다. 보이지 않는 곳에서 그들 또한 항상 치열하게 고민하고 자신과 싸움을 하고 있다. 그리고 자신을 넘기 위해 수많은 노력을 기울인다.

그들은 절대로 방심하지 않는다. 적어도 내가 봐온 성공한 삶을 사는 사람들은 그랬다. 자신에게는 더욱 철저하며 더욱 인색하다. 그러므로 그들은 그들의 방식대로 살아남는 방법과 노하우를 터득할 수 있고 또 그것을 사용할 수 있다.

만족하지 않는다. 만족이야말로 방심할 수 있는 덫임을 그들은 안다. 누군가는 끊임없이 앞으로 나아가려는 그들에게 '뭘 그렇게까지 힘들게 살아?'라고 말한다. 그러면서도 자신들이 처한 상황에는 늘 불만투성이다. 그런 생각을 할 거면 지금 본인이 처해있는 우울한 상황에 대해 불만 품지 마라. 그리고 그들을 부러워하지도 마라. 그럴 자격조차도 없다고 생각한다.

본인은 그럴 용기도 갖지 않았고 현재의 자신의 처지에 대해 비관만 하고 있으면서 그들이 내는 좋은 결과를 무조건 비난하고 시기 질투할 이유가 없다.

나도 아직 성공한 사람이 아니다. 성공하고 더 높은 곳으로 가고 싶은 사람일 뿐이다. 하지만 적어도 나는 그들을 보면서 부러워하거나 시기 질투하지 않는다. 오히려 고맙다. 그들의 그런 노력과 열정이 내 가슴을 더 뛰게 해주고, 내가 한 번 더 마음을 다잡게 해주는 엄청난 동기부여를 주기 때문이다.

최고의 자리에 오르고 싶으면 그들처럼 움직이고 행동하자. 머무르는 순간 모든 것이 멈춘다는 사실을 항상 기억하자.

라이프 밸런서

나는 머무르는 순간 모든 것이 멈춘다는 생각으로 산다.
가진 것이 없이 살아왔기 때문에 머무를 수도 없다.
어찌 보면 그것만큼 간단한 답은 없는 것 같다.

더 생각하고,
더 움직이고
더 실행하는 것 말이다.

4

컨디셔닝의
중요성

적당한 긴장과 이완의 경계선만 잘 만들어 놓는다면
그 안에서 이루어지는 많은 일이 곧 삶의 컨디셔닝 방법이 될 수 있다.

이 책을 읽는 독자들은 '컨디셔닝'이란 말 자체가 생소할 수도 있겠다. 그러나 나는 내 일을 정의하는 데 이만큼 정확한 단어는 없다고 생각한다.

나는 트레이너다. '사람들의 몸을 단련시키고, 보기 좋게 만들어 주는 사람.' 이것이 일반적으로 트레이너에 대한 인식이다. 트레이너라는 직업을 가지고 일을 한 지 13년 정도 되었다. 이 일을 오랜 시간 해오면서 나는 내 일이 머지 않은 미래에 '인생의 동반자'라는 새로운 타이틀을 얻게 되지 않을까 하는 생각을 하게 되었다. 현대인들은 건강 관리의 중요성을 피부로 느끼고 있다. 하지만 특별히 이상 증세가 있지 않다면 병원을 찾지는 않는다.

그럴 때 몸에 이상이 생겨서 만나는 의사 대신, 균형 잡힌 식단을 받기 위한 영양사 대신 가까이에서 개인의 건강을 관리하고 조언하며, 일과 생활에서 늘 최상의 컨디션을 유지할 수 있도록 '컨디셔닝'하는 사람이 바로 트레이너다.

내 업에 대한 규정을 새롭게 하면서 나는 일반적인 트레이너들과는 다른 경험을 쌓아야겠다고 마음먹었다. 그래서 방송출연, 대기업 강의, 연예인 컨디셔닝, 각종 매체의 칼럼 기고 및 자문 등 운동 외 다른 일에도 적극적으로 참여했다.

그중에서도 내가 제일 특별하게 생각하는 것이 컨디셔닝 파트이다. 이런 분야를 세상에 인식시키기까지 5년 정도의 시간을 투자했다. 2AM의 컨디셔닝 트레이너로 함께하면서 여러 가지 노하우와 경험을 쌓았고, 나를 발전시키는 과정을 거친 뒤 지금은 BTS라는 세계적인 아이돌 그룹의 컨디셔닝 트레이너로 월드투어 및 중요한 무대에 늘 함께한다.

컨디셔닝은 말 그대로, 퍼포먼스를 일으켜야 하는 사람의 보디와 멘탈 컨디션을 최상으로 유지시켜 대중들 앞에서 최상의 기량을 선보일 수 있게 관리하는 일이다.

몸 상태가 좋다고 해서 언제나 본인이 가지고 있는 능력을 100퍼센트 발휘할 수 있는 것은 아니다. 그래서 몸 관리와 마음

(멘탈) 관리를 병행한다. 예를 들면 콘서트를 하기 전에 그들이 느끼는 몸의 통증이나 불편한 점을 찾아내 완화해줌으로써 몸 상태를 최상으로 올려놓는다. 그렇게 한 뒤에 가벼운 농담이나 즐거운 이야기들로 멘탈적인 부분에서 느끼는 긴장감이나 불안한 감정들을 완화시킨다. 때로는 몸으로 장난도 치고, 파이팅도 외치면서 긴장과 이완이 적절히 조화되도록 곁에서 돕는다.

방법적으로 봤을 때 대단한 일은 아닐 수 있다. 하지만 작은 차이가 결과를 완전히 뒤집을 수 있는 프로들의 세계에서는 결코 우습게 볼 일이 아니다.

대중 앞에 서는 연예인뿐 아니라 일반인들도 컨디셔닝이 필요하다. 우리는 각자 자기 세계 안에서 누구 못지않게 치열하게 살아가기 때문이다. 늘 최상의 결과를 내지 않으면 도태되고 마는 현대인들의 삶에서 생활의 균형을 잡아주는 컨디셔닝은 너무도 중요하고, 필요하다.

일상에서 컨디셔닝하는 방법은 어렵지 않다. 내 컨디션을 최상으로 만들기 위한 조건을 찾으면 된다.

먹는 것을 좋아하는 사람들은 맛있는 음식을 먹음으로써, 운동하며 땀 흘리는 것을 좋아하는 사람은 운동으로써, 휴식을 좋아하는 사람은 잠을 푹 잠으로써 자신만의 방식으로 컨디셔닝할 수 있다. 과하지만 않다면 당신의 삶의 질을 높여주는데 분명 도움이 될 것이다.

컨디셔닝이라는 것은 결국 거창한 것이 아니라, 스스로 몸과 마음의 상태를 조절하여 삶의 질과 가치를 높이는 것이다. 지금 당장에라도 할 수 있을 법한 이런 단순한 방법을 그동안 우리는 왜 시도하지 않았을까? 각자 너무 많은 제약을 만들고 그 틀에 갇혀 스스로를 옥죈 것은 아닐까?

적당한 긴장과 이완의 경계선만 잘 그어 놓는다면, 그 안에서 나에게 최상의 만족을 주는 일은 무엇이든 할 수 있다. 빡빡한 일상에서 잠시 틈을 내어 자신이 좋아하는 것을 하며 진짜 내 모습을 찾아내는 과정, 그것이 바로 지금 당신이 실천할 수 있는 컨디셔닝이다.

최고의 자리에 있는 사람들은 모두 자신의 컨디션을 조절할 줄 안다.
최고의 퍼포먼스, 최고의 능력치를
발휘할 수 있는 몸과 정신 상태를 알고,
긴장감을 조정할 줄 아는 것이 그들의 가장 탁월한 능력이다.

나는 최고들이 최상의 컨디션을 유지하고
라이프 밸런스를 유지할 수 있도록,
가장 가까운 곳에서 돕는 파트너,

'라이프 밸런서'다.

5

꾸준함의
대명사들

뭐든 꾸준한 것은 힘들다. 시작은 누구나 할 수 있지만
그것을 유지하는 것은 여간 어려운 일이 아닐 수 없다.

2AM

나와 가장 오래 알고 지내는 동생들이자 내가 '연예인 트레이
너'라는 타이틀을 달 수 있게 만들어준 장본인들이다. 댄스 가수
들에 비해 무대에서 화려한 퍼포먼스를 보이지 않기에 그들이 몸
매를 드러낼 일은 많지 않았지만, 누구보다도 열심히 자기관리를
하는 친구들이다. 그 좋은 몸매가 드러나지 않는 게 아쉬워서 한
번은 내가 방송에 나가 이런 말을 한 적이 있다. "사실 몸은 2PM
보다 2AM이 더 좋아요!"

물론 두 그룹은 형제 그룹이고 내가 운동을 시킨 친구들이기
때문에 누가 좋다 나쁘다는 얘기를 하려던 것은 아니었다. 하지만

2PM 못지않은 몸을 가지고 있다는 것을 알리고 싶었다. 뭐 알 만한 사람들은 다 알지만 말이다.

그중에서도 조권과 정진운 두 명은 정말 한결같이 자기 몸을 관리한다. '어떻게 저렇게까지?' 라고 생각할 정도로 말이다.

습관처럼 운동을 매일 하는 것은 물론이거니와 연예인으로서 외모적인 부분까지 철저하게 관리하는 모습을 보면 정말 '대단하다'는 말밖에 나오지 않는다. 이들과 함께 한 지 7년 정도의 시간이 흘렀지만 지금이나 그때 얼굴이 별반 다를 게 없다.

먹고 싶은 것은 잘 먹되, 본인이 생각하는 기준에서 살이 쪘다고 생각되면 시키지 않아도 스스로 식사조절을 하며 몸을 유지한다. 말이 쉽지, 운동하는 나로서도 하기 힘든 일이다. 일반인들과는 다르게 대중에게 평가받는 직업을 가지고 있기 때문이라고 생각할 수도 있지만 그들의 옛날 사진과 지금의 모습을 비교해보면 변함없는 정도가 아니라 오히려 더 좋아진 것을 확인할 수 있다.

이토록 성실하고 건강한 친구들이니 트레이너의 입장에서도 여러 가지 시도를 해볼 수 있어서 재미있다. 조권의 경우는 얼굴과 어울리지 않는 흉근과 어깨, 그리고 팔 근육이 있었다. 당시의 트렌드이긴 했지만, 그의 귀여운 얼굴과 몸이 너무 안 어울린다는 생각이 들었다. 나는 웨이트 위주의 운동보다는 온몸을 이용하는 운동들을 제안했고, 근육의 크기를 줄이며 코어를 강화하는 데 힘썼다. 그렇게 하다 보니 본인이나 관계자들도 만족할만한 잘빠진 몸이 완성되었다. 지금은 계획적으로 만든 몸매를 유지하는 데 힘쓰고 있다.

진운은 원래 웨이트 베이스의 운동을 진행했었다. 그러면서 자연스럽게 무게에 대한 욕심이 생겼고 몸이 커졌다. 진운은 농구를 좋아하는데 몸이 무거워지니 어느 순간부터 부상이 잦아지기 시작했다. 뿐만 아니라 화면에도 몸이 다른 사람들에 비해 현저히 크게 나오기 시작했다. 아이돌의 이미지, 그것도 발라드를 부르는 가수의 이미지와는 맞지 않았다. 그래서 우리는 좀 더 슬림하고 가벼운 느낌을 만드는 것이 어떤지에 대해서 대화를 나누고, 방향을 바꾸기 시작했다. 운동시간을 길게 가져가기보다는 유산소성 근력 운동을 통해 시간을 줄이며 체력과 근지구력을 만드는데 초점을 두고 운동을 설계했고, 여러 가지 효과를 누리고 있다.

정말 꾸준히 운동을 하면 몸에 좋은 건 물론이거니와 자신에게 적합한 완성형의 몸을 가질 수 있다는 적절한 예를 보여주는 친구들이다.

열정, 그리고 꾸준함이 바로 그들을 '프로'라는 자리에 올려놓은 것이 아닌가 생각한다. 자칫 방만한 생활을 할 수 있는 나이인데도 철저히 자기관리를 하며 절제하는 이들의 모습에서 정말 많은 것을 배우고 반성한다.

라이프 밸런서

박보영

　배우 박보영과도 함께 한지 어느덧 5년 정도의 시간이 흘렀다. 이 친구를 보며 생각나는 글귀는 딱 하나다. "작은 고추가 맵다." 참 대단한 정신력의 소유자다.

　〈힘쎈여자 도봉순〉이라는 드라마 촬영에 들어가기 전에 일이다. 일요일 오후에 갑자기 연락이 왔다. 발목을 다쳤다는 것이었다. 아무렇지 않은 듯 얘기하기에 조금 삐끗했나보다고 생각했다. 압박붕대라도 감아주려고 바로 오라고 했다. 그런데 상태를 보고 정말 깜짝 놀랐다. 붓기가 너무 심하고 통증도 있는 걸 보니 발목이 부러진 것 같았다. 내가 손쓸 수 있는 상황이 아니어서 응급처치를 하고 빨리 병원으로 가라고 얘기했다.

　병원에 가서 엑스레이를 찍어보니 발목뼈가 어긋날 정도로 타격을 입은 상태였다. 문제는 발목도 발목이었지만 얼마 남지 않은 드라마 촬영이었다. 나는 당연히 비추천이었다. 병원에서 수술을 얘기할 정도로 상태가 좋지 않았고, 그간의 작품과 달리 액션도 필요한 촬영이었기 때문이다. 하지만 이미 잡힌 스케줄이고, 약속은 지켜야 한다는 본인의 의지가 남달랐다. 그리고 그녀는 거짓말처럼 아무렇지 않게 작품을 마쳤다.

　가까이에서 본 박보영이란 사람은 '작은 거인' 같았다. 처음에는 '촬영을 다 마칠 수 있을까?'라고 생각했지만 소속사 대표님을 포함해 회사 식구들의 열정, 그리고 배우 박보영이란 사람의 열정이 시너지를 일으켜 촬영을 무사히 마칠 수 있었다. 촬영장에 가기 전에 다친 발목을 고정하고 보호하기 위해 매번 테이핑을 감아야 했는데, 소속사 대표님이 직접 오셔서 테이핑을 배워 가실 정도로 열정을 보여주셨다. 담당 매니저도 아니고 대표님이 직접 와서 테이핑을 배워 새벽마다 배우에게 해주신다는 게 놀라울 따름이었고, 대단해 보였다. '나는 과연 내 직원들에게 저렇게까지 할 수 있을까'라는 생각도 들었다.

배우는 지켜보는 눈이 많은, 남다른 책임감을 가져야 하는 직업이지만 모든 배우가 그녀처럼 책임감을 가지고 일하지는 않을 것 같다. 어지간한 정신력으로는 도저히 감당하기 힘들었을 만큼의 아픔이었을 테지만 약속을 지키기 위해, 항상 최고의 모습을 보이기 위해 바쁜 스케줄 중에도 빠지지 않고 운동을 하는 그녀의 모습은 직업에 대한 자부심이 얼마나 중요한지를 다시 한 번 일깨워주었다. 나이는 나보다 어리지만 여러모로 배울 것이 많은 정말 프로페셔널이다. 그녀의 앞으로의 모든 행보를 뒤에서 묵묵히 응원할 것이다. 그것이 무엇이 되었든 말이다.

2PM(준호 찬성)

'짐승돌'이라는 단어의 시초이자, 아이돌계의 몸짱 시대를 연스타인 2PM. 정말로 멋진 녀석들이다. 이 친구들이 한창 활동하던 시기에 여러 가지 화보 촬영이 많았다. 그만큼 스케줄도 너무 힘들었는데 대단한 것이 새벽 2시, 3시에도 다음 날 있을 화보 촬영을 위해 매일 운동을 했다.

2PM의 멤버 준호는 인생의 목표에 대한 나의 동반자라는 생각이 있다. 매년 초에 그는 "형, 나 올해는 이거 할 거고, 저거 할 거야"라고 계획을 공표한다. 그리고 한다. 정말로 한다. 잠을 자지 않고, 개인 시간이 없어도 이 녀석은 한다. 미친 사람 같다는 생각도 해봤다. 그 모든 것들이 처음 들으면 허무맹랑할 정도로, 단어 그대로 정말 '목표'이기 때문이다. '대단하게 미친 열정을 가진 사람'이라는 말 이외에 준호를 설명할 방법을 찾지 못하겠다. 반면 아직 나는 약속한 것들을 다 이루지 못하고 있다.

찬성이는 조용하지만 강한 사람이다. 그렇게 튀지는 않아도 지켜보면 정말 많은 것들을 하고 있고, 했다. 힘들어도 투정 한 번 부리지 않고 항상 묵묵히 자기 일을 하는 어른스러운 친구다. 나이는 나보다 어리지만 책임감을 가지고 자기 일을 해나가는 그를 보며 배우는 점이 참 많다. 앞으로 찬성이는 더욱 단단해질 녀석이다. 몸을 만들 때도 그랬고 지금도 그렇다. '부드러울수록 강하다'는 것을 보여주는 좋은 본보기라고 생각한다.

에이핑크 손나은

걸그룹 에이핑크의 손나은은 우리나라에서 '몸매' 하면 다섯 손가락 안에 드는 여자 아이돌 중 하나다. 처음에는 말도 없고 조용해서 운동을 잘할 수 있을까? 라는 생각을 했었다. 하지만 큰 오산이었다. 이 친구는 목표가 생기고 나면 눈빛부터 달라진다. 그리고 누구보다 열정적으로 노력한다. 타고난 몸매가 있기에 때로는 게으름을 피울 법도 한데 일단 시작하면 에누리가 없다. 트레이너로서 이만큼은 못하겠지 라고 생각하는 횟수나 운동을 제안해도 끝까지 해낸다. 대단한 정신력을 가지고 있음을 부정할 수 없다.

한 번은 감기에 심하게 걸려서 목소리가 안 나오는데도 운동을 하러 나온 적이 있었다. 누가 봐도 쉬어야 하는 몸 상태였는데, 기어코 나와서 스트레칭이라도 하고 가는 열정을 보인다. 그만큼 본인이 하고자 하는 것, 해야 하는 것에 대한 열정이 뜨겁다.

이 친구를 보며 '잘되는 사람은 이유가 다 있구나'라는 생각을 하게 된다. 엄청나게 바쁜 스케줄 속에서도 꾸준함을 유지하기 위해 애쓰는 모습이 멋지고 한편으론 대견스럽기도 하다.

대한민국 최초 GT3 카레이서 김재원

모터스포츠에 관심이 없다면 생소할 수도 있지만, 김재원 선수는 대한민국 최초의 GT3 카레이서다. 속도를 다투는 그의 직업은 항상 위험천만하다. 그리고 한 번 레이스를 하고 나면 몸무게가 2~3kg씩 빠질 정도로 체력 소모도 크다.

'차에 앉아 운전만 하면 되는데 뭐가 힘들까?'라는 생각을 할 수도 있겠다. 하지만 시속 200킬로미터가 넘는 속도에 적응하고, 그 속도를 유지하며 코너를 돌고, 나를 추월하려는 다른 차를 견제해야 한다면 몸이 받을 스트레스는 상상할 수 없다.

전라남도 영암에서 열린 대회 때 컨디셔닝 의뢰를 받고 카레이서 팀 컨디셔닝을 하러 간 적이 있었다. 그곳에서 현장에서 경기를 함께 뛰고 나니 차를 운전하는 것이 체력적으로 얼마나 큰 소모가 있는지 느낄 수 있었다.

늘 이런 환경에 있는 김재원 선수는 엄청난 정신력을 가지고 있으며, 둘째가라면 서러울 노력가이다. 해외 경기 스케줄이 많다 보니 늘 체력 관리와 컨디션케어, 평정심 유지에 신경 쓰는데, 이 모든 것이 오직 레이싱을 잘하기 위해서라는 점이 인상적이다.

한 번은 그와 친한 팀 동료가 사고로 식물인간이 된 적이 있었다. 나 같으면 겁이 나고 진로를 바꿔야 하는 게 아닐까 고민할 만큼 타격이 클 것 같은데, 그는 동료가 다친 것에 대해 슬퍼할 뿐 전혀 흔들림이 없었다. 몇 달 뒤 경기에서 본인도 차가 부서지는 사고를 당했지만 웃으면서 "크게 안 다쳐서 다행이에요"라고 얘기하고 말아버린다.

언제나 목숨을 걸고 일하는 직업을 가지고 있지만 약한 말은 입 밖에 꺼내지도 않는다. 큰 사고가 있어도 다음 레이싱을 위해 체력을 단련하고 정신을 집중한다. 그런 그를 보며 '멘탈이 강하다'는 말은 이런 사람에게 어울린다는 생각을 늘 한다.

세상에는 수많은 프로페셔널들이 있다. 프로의 세계에 사는 사람들은 다르다는 것을 나는 이들을 보면서 느꼈고 지금도 느끼고 있다. 특히 자칫 외적인 요소로만 평가받을 수도 있는 연예인들의 삶에서 프로로 인정받기 위해 얼마나 피나는 노력이 필요한지, 또 꾸준히 그 노력을 해나가야 하는지 매일 생생하게 본다.

항상 감사하다. 나에게 엄청나게 큰 동기부여를 쉴 새 없이 해주는 그들에게 말이다. 그들을 보며 나도 나의 일에서 최선을 다해 프로페셔널이 될 수 있도록 노력하겠다는 다짐을 다시 한다.

라이프 밸런서

'열정', 그리고 '꾸준함'

이 두 가지가
바로 그들을 '프로'라는 자리에
올려놓은 것이 아닌가 생각한다

CHAPTER
5

기회는
삶의
주인에게만
찾아온다

1

비만소년,
비상을 꿈꾸다

안 하는 것보다는 무엇이든 해보는 것이 낫다고 생각했다.
그리고 어떻게든 끝까지 해냈다

나는 초고도 소아비만이었다. 어린 시절부터 몸무게로는 학교에서 져본 적이 없을 정도였다. 별명은 돼지였고, 항상 뚱뚱한 것이 당연했던 아이였다.

먹는 것을 워낙 좋아했던 걸로 기억한다. 항상 집에는 먹을 것이 많았고, 나는 남김없이 뭐든 다 먹어치웠다. 어머니의 말로는 먹을 것을 아무리 숨겨도 반드시 찾아내 먹었고 만약 먹고 싶은 게 없으면 종일 난리를 쳤다고 한다. 먹을 것을 주지 않으면 주변 사람들에게 '이 사람 우리 친엄마 아닌 것 같아요!' 라고 말해서 어머니를 곤란하게 만든 적도 한두 번이 아니었단다.

그래도 살을 빼려는 노력을 하지 않은 것은 아니었다. 중학교 시절에는 매주 산을 다니면서 10킬로그램 이상을 감량해본 적도 있었다. 역시나 요요현상 때문에 살이 더 쪘지만 말이다.

그러다 독하게 마음을 먹고 살을 빼게 된 사건이 있었다. 중학교 3학년 때였다. 우리 집 근처에 떡볶이와 튀김, 꼬치를 파는 분식집이 있었는데 나의 단골집이었다. 하도 자주 가니까 아주머니가 알아서 순대를 서비스로 주시곤 했다. 그날도 어느 때와 같이 양손에 꼬치를 들고 집으로 가고 있었다. 그런데 내 또래의 여학생 두 명이 내 옆을 지나가면서 한마디 했다.

"저렇게 먹으니 살이 찌지. 저거 봐. 돼지같지 않냐?"

늘 들어오던 '돼지'라는 말이었지만 그날따라 가슴에 깊게 와 박혔다. 그날로 나는 분식집으로 향하는 발걸음을 끊었다. 그리고 진짜 살을 빼겠다고 결심했다.

나는 원푸드 다이어트부터 시작해서 먹는 걸로 하는 다이어트는 거의 다 시도해봤다. 그런데 모두 실패했다. 그래서 처음으로 헬스장이란 곳을 가게 되었다. 친형의 가장 친한 친구가 나를 헬스의 길로 이끌었다. 되짚어보면 운명 같은 만남이었다.

나는 누구보다 열심히 운동을 했다. 그런데 초반에는 몸이 점점 더 불었다. 운동을 하면서 더 먹어서였다. 운동량이 느니 항상 허기졌다. 그럴 때 먹지 말고 참아야 하는데, 그 정도의 절제력까

라이프 밸런서

지는 갖추지 못했던 것 같다.

안 되겠다고 생각한 나는 고등학교에 입학하면서부터 더 독하게 운동을 했다. 운동과 함께 음식까지 조절하기 시작했다.

고등학교 1학년 때 나는 학교에서 미친놈이라고 불렸다. 살을 빼겠다는 일념 하나로 집부터 학교까지 걸어다녔다. 쌍문역부터 성신여대입구역까지 두 시간이 넘는 거리였다.

다섯 시 반에 출발해야 겨우 아침 자율학습 시간에 도착할 수 있었다. 미아삼거리쯤 지날 때면 영훈 고등학교에 다니는 친구들과 마주쳐서 인사를 했고, 길음을 넘어 미아리고개를 지날 때는 우리 학교 친구들이 버스에서 나에게 인사를 했다. 심지어 담임 선생님도 차를 타고 출근하시다가 나를 보고 따로 불러 걱정하며 '왜 학교를 걸어 다니냐'고 물으신 적도 있었다.

나의 대답은 명쾌했다.

"살 빼려고요."

내 말을 듣자마자 선생님은 "이거 미친놈이네, 허허." 하며 웃으셨다.

결국 나는 살을 뺐고, 친구들이 부러워하는 몸을 가지게 되었다. 뿐만 아니라, 체대 입시에 도전하여 목표를 이뤘다.

나는 별것 아니라 생각하고 했던 일들이 남들이 보기에는 신기한 일이었나 보다. 내가 체대에 입학하자 "독하다."며 혀를 내

두르는 친구들, 어른들이 많았다.

어린 시절부터 성격이 그랬다. 하고자 하는 것, 목표로 한 것은 꼭 해야만 했다. 그리고 마음먹은 것에는 별다른 의심을 두지 않았다. 안하는 것보다는 무엇이든 해보는 것이 낫다고 생각했다. 그리고 끝까지 해냈다. 어린 시절의 도전 아닌 도전이 지금까지의 내 삶에 지대한 영향을 미치고 있다. 아니, 내 삶 자체를 바꿨다고 하는 게 정확하겠다.

놀림 받던 비만 소년이 지금은 대한민국 최고의 아티스트들의 몸을 관리하고 있으니, 이 얼마나 아이러니한가?

가끔 옛날 사진들을 보면 한숨이 절로 나온다. 뚱뚱한 게 잘못은 아니지만, '저렇게까지 쪘어야 했나' 생각하면 그냥 나 자신이 한심하다.

나는 확신할 수 있다. 건강한 몸을 만드는 것은 사람의 인생을 바꿀 수 있다고 말이다. 살을 빼고 외모를 가꾸라는 것이 아니다. 그 과정을 통해 얻는 것이 반드시 있다. 강한 의지력과 노력, 삶에 대한 애착, 그리고 자신감과 자존감. 인생을 살아가는 굉장히 중요한 것들을 그 시기에 온몸으로 배웠다.

여기에 나에게만 있었던 축복 아닌 축복은 '집이 무너진 것'이었다. 남들은 힘들어서 포기할 수도 있었겠지만 지금 와서 생각해 보면 나는 달랐다. 나락으로 떨어져 있었기 때문에 올라갈 일만 남았던 것이다. 그 과정들을 통해 나는 자존감을 얻었고 지금 그것을 무기로 살아가고 있다.

돼지라고 놀림받던 소년이 지금은 대한민국의 건강을 위해 살아가고 있다. 그것도 그냥 살아가는 것이 아니라 많은 이들에게 영향력을 미치며 살아가고 있다.

나는 항상 비상을 꿈꿨다. 지금도 비상을 꿈꾸고 있다. 지금까지 그랬듯 그 목표를 향해 전력질주할 것이다. 누가 당신의 꿈을 '불가능한 목표'라며 비웃는가? 의기소침할 필요 없다. 인간은 무엇이든 할 수 있고, 될 수 있는 존재다. 내가 그 증거다.

나는 확신할 수 있다.
건강한 몸을 만드는 것은
사람의 인생을 바꿀 수 있다고 말이다.

강한 의지력과 노력,
삶에 대한 애착,
그리고 자신감과 자존감.

인생을 살아가는 굉장히 중요한 것들을
그 시기에 온몸으로 배웠다.

2

11살에 시작된
인생의 불황

그 시절의 나에게 고맙다고 얘기하고 싶다.
잘 버텨주었다고. 그래서 지금의 내가 존재한다고. .

누구나 어릴적의 까마득한 기억들이 문득 되뇌어질 때가 있다. 나에게도 그런 기억이 있다.

열두 살 겨울이었다. 눈이 오는 크리스마스 날. 매년 내 머리맡에 놓이던 선물이 이상하게도 그해에는 없었다. 한 번도 그런 적이 없었기 때문에 이상하게 생각했다 그래서 아빠를 졸라 그 당시에 유행하던 레고를 사러 문구점으로 갔다.

문구점에 들어서자마자 마음에 든 것을 골랐는데 아빠는 자꾸 다른 것을 골라보라고 하셨다. 작은 아들이 사고싶어 하는 것은 대부분 사주셨던 분이었는데, 그날은 이상했다. 조금의 실랑이를 벌였지만 결국은 아빠가 권하신 것을 샀다. 내가 고른 것보다 훨

라이프 밸런서

씬 작고 싼 제품이었다.

그때는 몰랐지만 시간이 흐른 뒤에 알 수 있었다. 당시 아버지가 하던 사업이 위기에 처했었고, 우리 집이 망해가고 있었다는 것을. 그때 눈을 맞으며 앞서 걷던 아빠의 뒷모습이 그렇게 짠할 수가 없었다.

그렇게 우리 집의 형편이 기울었고 집에는 밤늦게 사람들이 찾아오기 시작했다. 매일 새로운 사람들이 찾아왔다. 아빠는 그때마다 집 안으로 들어오지 못하게 온 몸으로 막거나 밖으로 데리고 나가셨다. 그리고 얼마 지나지 않아 불쑥 우리 집 안으로 들어오는 사람들이 생겼다. 어머니는 그들에게 말씀하셨다.

"아이들 안보이게 뒤에다 붙여주세요."

한껏 기죽은 어머니의 말투. 그들이 손에 든 건 압류 물품에 붙이는 '빨간 딱지'였다.

그렇게 우리 집은 모든 물건에 빨간 딱지가 붙었고 시간이 얼마 지나지 않아 경매로 넘어갔다. 내가 막 중학교에 들어가 얼마 되지 않았던 때다. 결국 아빠가 하시던 사업은 부도가 났고, 우리 집도 같이 파산했다.

나는 정말 막무가내 막내아들이었다. 아직도 그때를 생각하면 부모님 앞에 얼굴을 들지 못할 정도로 창피하다. 내가 중학교 때 TV와 연결하는 가정용 게임기가 유행이었다. 새로 나온 게임이 있으면 그 집에 우르르 몰려가 한 판만 하자고 싸움이 날 정도로 정도로 인기가 좋았던 게임이 있었다. 그 당시에 10만 원 정도였으니 결코 싼 게 아니었다.

어렸던 나는 사고 싶은 건 무조건 사야 했고, 우리 집의 상황 따위는 중요치 않았다. 나는 어머니를 졸라 용산전자상가로 향했다. 게임을 파는 가게를 몇군데 뒤져서 중고를 찾아냈다. 6만 원 정도 되었던 것 같은데 어머니는 안 사주려고 하셨다. 나는 용산전자상가로 들어가는 길 한복판에 앉았고, 큰소리로 울었다. 어머니가 처음으로 내 앞에서 눈물을 보이신 날이다.

지금 내가 사업이란 걸 해보니, 그때 부모님의 감정이 어땠을지 짐작이 간다. 사랑하는 막내아들이 원하는 것 하나도 사주지 못하는 부모의 마음이 얼마나 참담했을 지 말이다.

그 시기가 지나고 나는 우리 집이 망했다는 것을 자각했다. 집은 20만 원짜리 월세로 이전했다. 좁은 집에 들어가기도 싫었고, 친구들도 한 번 데려간 적이 없다. 부모님께는 미안하지만 그냥 모든 것이 창피했던 것 같다.

그 때가 어떻게 보면 인생의 불황기라고 할 수 있는 시기였지만, 지금 와서 생각해보면 참 귀한 시간이었다.

그런 상황을 겪으면서 나는 밑바닥을 경험할 수 있었다. 그리

라이프 밸런서

고 흥(興)과 망(亡)이 무엇인지도 알게 되었다. 그것들이 다 부질 없다는 것도. 돈이라는 것이 엄청나게 중요하지만 때로는 별것 아닐 수도 있다는 것도.

내가 말하는 나의 불황의 시기 덕분에 나는 내려놓는 방법을 알게 됐고, 돈에 집착하지 않는 방법도 알게 되었다. 누구나 인생을 돌아봤을 때 불황이라고 이야기할 수 있는 시기가 있다. 나에게도 다시 몇 번의 불황이 찾아올 수도 있다. 하지만 내가 배운 것은 뭐든 부딪히면 이겨낼 수 있다는 것이었다.

자격지심으로 넘쳐났던 그 시절의 나에게 고맙다고 얘기하고 싶다. 잘 버텨줘서 고맙다고. 앞으로 네가 준 이 소중한 경험들 허투루 흘리지 않고 반드시 더 높은 곳으로 올라가겠다고 말이다.

3

스무 살,
찬란히 빛날 수 없었던 청춘

이십 대로 돌아가라고 한다면 돈을 줘도 사양하고 싶다.
지금 이 자리까지 오는데 너무 힘들었다.

사람들은 "이십 대로 돌아가고 싶냐?" 라는 질문을 많이 한다.

나의 대답은 항상 똑같다.

"절대 그 시절로 돌아가고 싶지 않다. "

나는 스무 살 이후로는 대학 1학기를 빼고는 용돈을 받아본

적이 없다. 그 용돈도 차비 정도였다. 힘든 살림에 용돈을 받는다

는 것 자체가 어머니에게 너무 미안했었다. 항상 아끼고, 밥 한끼

도 함부로 사드시지 않고, 지하철이나 버스도 타지 않는 어머니를

보면서 나는 어린 마음에 그것이 불만이었고 가슴이 아팠다.

한 번도 부모님께 직접 그런 표현을 한 적은 없지만 내가 할

라이프 밸런서

수 있는 일은 금전적으로 독립된 삶을 사는 것뿐이라고 생각했다. 학교를 다니면서 새벽부터 시작해서 밤까지 학교를 다니는 시간을 제외하고는 아르바이트를 했다. 주말에도 일을 했고, 군대에서는 월급을 아껴 차곡차곡 모았다.

그럴 수밖에 없는 상황이 불만은 아니었다. 어찌 보면 그런 상황에 대한 불만이 생길 수가 없었다. 나보다 더 열심히 살고 아끼는 어머니를 보면서 그런 것조차 사치라고 생각했다. 태어나서 20년을 아무런 대가 없이 키워주신 것만으로도 이걸 어떻게 갚아야 할 지를 모르겠는데, 남들처럼 용돈 좀 못 받는다고 칭얼대는 얼간이가 될 수는 없었다.

그렇게 생활에 지쳐갈 때 나에게 기회가 찾아왔다. 호주로 떠나는 '워킹홀리데이'였다. 결국 나는 그 길을 택해 호주로 떠날 준비를 했다.

대학 때까지도 우리 집은 월세에서 벗어나지 못했고, 아버지의 상황도 나아지지 않았다. 한국에서 내가 아등바등한다고 과연 잘 살 수 있을까? 과연 내가 이 상황을 모두 책임지고, 다음 스텝으로 나아갈 수 있을까? 하는 고민들로 잠을 이루지 못하던 시기였다.

하지만 넋 놓고 앉아 있을 처지도 아니었다. 그 와중에도 나는 뭐든 해야만 했다. 한치 앞도 볼 수 없는 것이 인생이라고 생각했기 때문이다. 그리고 다른 건 몰라도 열심히 하는 것 하나는 자신 있었다.

지금도 나는 본가에 잘 가지 않는다. 이 이유를 들으면 어머니가 눈물을 흘리시겠지만, 예전에 살던 동네에 가면 어두웠던 과거가 자꾸 떠오르기 때문이다. 지금은 앞만 보며 달리기도 벅찬데, 자꾸 나를 끌어내리는 부정적인 기운을 받고 싶지 않다.

그때의 나는 자격지심이 너무나 많은 사람이었다. 예민했고 항상 곤두서 있었다. 조금이라도 여유 있게 사는 또래를 보면 괜히 질투했고 무조건 한심하다며 깎아내렸다.

'네가 가진 것들은 부모의 능력이지 네 능력은 아니야. 두고 봐, 내가 실력으로 너를 이겨줄 테니까.'하는 생각, 악으로 가득찬 20대를 보냈다. 지금 생각하면 일종의 열패감이었던 것 같다.

이제와서 생각해보면 모두 각자 삶의 무게만큼 고민을 하며 살아가는 것인데, 그들의 상황을 이해하려 노력하고, 공감하면서 좋게좋게 생각했더라면 어땠을까 라는 생각이 든다. 그때 내가 더 여유로운 마음을 가졌더라면 지금처럼 호불호가 강한 성격이 아니라, 좀 더 부드럽게 살아가는 사람이지는 않았을까 하는 생각도 들고. 여러 가지로 부족한 시기였다.

이십 대로 돌아가라고 한다면 돈을 줘도 사양한다. 여기까지 오는데 너무 힘들었다. 다시 그 시절로 돌아가 이렇게 독하게, 앞만 보고 달리라면 그렇게 할 자신이 없다. 이십 대의 나는 빛날 수 없다는 걸 나는 너무 잘 알고 있었다. 당연히 그랬다. 현실이라는 벽이 너무도 컸기 때문에. 아무리 발버둥쳐도 내가 할 수 있는 것은 정해져 있었다. 그때의 나는 할 수 있는 것도, 경험도 얼마 없는 애송이였다. 하지만 그때의 그런 생각들이 지금의 내가 살아가는 원동력이 되었다.

이십 대의 나에게는 너무 미안하다. 좀 더 잘 다듬어줬다면 좀 더 인격적으로 성숙한 30대를 맞을 수도 있었을 텐데 말이다.

인생의 가장 찬란한 시기라는 20대, 반짝반짝하게 빛날 수 있는 나이에 나는 그렇지 못했지만, 나의 빛나는 시절은 바로 지금이라는 마음으로 살아가보려고 한다. 그리고 늦지 않았다면 그때의 나를 대신해 지금의 나에게 더 많은 것을 주고 싶다. 나의 부모님과 친구들에게도.

이십 대의 나는 빛날 수 없다는 걸 나는 너무 잘 알고 있었다.
당연히 그랬다.
현실이라는 벽이 너무도 컸기 때문에.
아무리 발버둥처도 내가 할 수 있는 것은 정해져 있었고,
할 수 있는 것도, 경험도 얼마 없는 애송이었다.

하지만 그때의 그런 생각들이
지금의 내가 살아가는
원동력이 되었다.

내 인생 최고의 선택, 호주

내일이 없는 것처럼 시간을 보내는 것이 아니라
열심히 일하고 지혜롭게 노는, 내일을 위해 사는 삶

외국어에 능통한 것도 아니고, 특별한 기술을 가진 것도 아니지만 그저 막연히 '외국에서 살아보면 어떨까?'하는 생각을 해본 적 있을 것이다. 나 역시 그런 생각을 가지고 있었다. 특히 제대하고 복학을 해서 3학년까지 마친 그 즈음에 나는 문득 해외로 나가야겠다는 생각을 했다,

너무나 각박하게 살아가는 한국의 생활 자체가 너무 스트레스였던 것 같다. 결심하고, 그것을 현실로 만드는데 딱 3주라는 시간이 걸렸다. 바로 비자를 받으러 갔고, 비자를 받고 비행기표를 끊고, 바로 호주로 출발. 그렇게 워킹홀리데이가 시작되었다.

그간 모아둔 돈을 현금으로 인출해서 출국 직전에 어머니께

용돈으로 드렸다. 나에게 필요한 돈은 백만 원이면 충분했다. 친형처럼 따르는 지인이 현지에 있었기 때문에, 3주 만에 모든 걸 버리고 한국을 뜬것이다.

어찌 보면 굉장히 무모할 수 있지만 흥미진진하기도 했다. 비행기를 10시간쯤 타고 내린 곳은 브리즈번이었다. 진짜 영어권의 나라에는 처음 가보았고 모든 것이 새로웠다.

호주에서 처음 한 일은 염소고기 공장 일이었다. 첫날 공장에 출근한 나는 어마어마한 충격에 휩싸였다. 다들 흰색 작업복을 입고 있는데, 옷에 온통 피가 묻어 있었고, 비린내가 진동을 했다. 보는 것만으로도 비위가 상하는데 점심시간에도 그 옷을 입고 아무렇지 않게 밥을 먹었다. 하지만 며칠이 지난 뒤 나도 그들과 똑같아져 있었다. 인간은 적응의 동물이라는 것을, 내 몸으로 직접 경험했다.

염소고기 공장에서는 여러 가지 업무를 했다. 박스를 차에 실은 일부터 염소머리를 불로 지져서 훈제시키는 일. 고리에 걸려서 오는 염소에 물을 뿌리는 일, 털 제거하는 일 등등. 지금 생각해보면 재미있는 경험이지만 그때는 정말 힘들었다.

그렇게 염소공장 일이 익숙해질 무렵, 영화같은 일이 벌어졌다. 내가 일하던 지역인 찰리빌에 대홍수가 난 것이다. 정말 거짓말처럼 동네가 순식간에 물에 잠겼고, 나는 졸지에 대피소 신세를

지게 되었다.

대피소에서 일주일 정도 있으면서 여러 가지 생각을 했다. 함께 머물렀던 사람들 중에는 우울증을 겪거나 극도의 불안감을 호소하는 이들도 있었지만, 나는 그냥 내 인생의 굴곡이 참 재미있다고 생각했다. 뭐 하나 평범하게 넘어가는 게 없었기 때문이었다. 그러던 중 공장의 정상화기간이 시간이 좀 걸린다는 소식을 듣고 나는 브리즈번으로 다시 나왔다.

그 이후 내가 향한 곳은 번다버그 토마토농장이었다. 40도가 넘는 날씨에 토마토를 따는 일을 했는데, 정말 힘들었다. 당시 나는 슈퍼마켓에 진열된 토마토만 봐도 경외감에 휩싸였다.

그렇게 토마토 농장에서 4개월 정도 일을 하고, 나는 그간 모은 돈을 가지고 필리핀의 일로일로라는 지역으로 영어공부를 하러 갔다. 3개월이 좀 안되는 기간 동안 공부를 하고, 나는 다음 행선지인 호주 서부의 퍼스로 떠났다.

퍼스에 도착해서 나는 3일 동안 고열과 구토로 누워만 있었다. 그 당시 처음으로 향수병에 걸렸다, 내가 외국 생활을 한 지 1년 정도 됐을 때였다.

한국으로 돌아가야 하나, 말아야 하나 기로에서 고민을 하다가 결국 나는 남는 것을 선택했고 일자리를 찾았다. 처음으로 잡

라이프 밸런서

은 일이 시티에 있는 호텔 키친핸드, 즉 설거지였다.

한국인 사장이 운영하던 곳이었는데 일을 시작한 지 한 달 정도 됐을 때 사장님이 일을 잘한다며 나를 마트에 스카우트하셨고 마트에서 일하며 그곳에 있는 보틀샵(술 파는 곳)에서 같이 일을 하게 됐다.

박스를 뜯어 물건 채우는 일부터 시작해 매니저까지 올라갔었고, 보틀샵에서는 매일같이 술 먹은 사람들과 실랑이를 벌이면서 일을 했었다. 힘들긴 했지만 좋은 사람들과 함께해서 즐겁기도 했었다. 그렇게 시간을 보내던 때 사장님께서는 영주권 비자를 받아 함께 일하자고 제안을 하셨다. 솔깃한 제안이었지만, 나는 좀 더 전문적인 일을 해야 경쟁력이 있지 않을까 생각했다. 그래서 시작한 것이 청소와 타일 작업이었다.

정말 한국에서는 해볼 수 없는 일들이었다. 신기하고 재미있는 경험이었다. 그렇게 나는 타일 작업을 시작했고, 그 일을 같이 하던 형의 권유로 용접을 배울 생각을 하게 됐다. 전문인력을 파견하는 에이전시를 만나보니, 기술만 배운다면 영주권 비자를 줄 수 있다고 했다. 고민을 하다가 나는 한국에 들어간 지도 오래됐고 해서 한국에서 용접을 배워야겠다는 생각으로 귀국을 했다.

그렇게 한국으로 나왔고 영등포에 있는 용접학원을 다니게 됐다. 그런데 한 일주일쯤 지났을까? 갑자기 '내가 지금 뭘 하고 있는 거지?' 라는 생각이 들었다. 내 전공도 아니고, 단 한 번도 인생에서 해보고 싶은 일이라고 생각지도 않았던 일을 하기 위해 시간과 돈을 쓰고 있다는 것이 뭔가 이상했다.

나는 운동으로 인생을 바꾸었고, 계속 몸을 만드는 사람이 되고 싶었다. 그러기 위해서 10대 때부터 피나는 노력을 해왔고, 그 결과로 지금 자리에 선 것이었다. 그런데 내가 하고 싶어 했던 일들을 버리면서, 오로지 생계를 위해 영주권 비자를 받아야 하나 하는 생각이 들었다.

그러던 중에 반가운 지인이 연락을 해왔다. 내가 운동을 알려주고, 트레이너 일을 추천했던 형이었다. 마침 시간이 나서 운동하는 모습을 보러 갔는데, 2PM과 2AM이 운동을 하고 있었다. 그 모습을 보면서 가슴 속에 잠시 미뤄두었던 나의 꿈이 다시 생각났다. 결국 나는 한국에 남기로 결정했다.

호주에서 일을 같이 하던 형에게 연락을 해서 내가 맡겨놓은 돈과 여러 가지 것들을 받으려 했지만, 연락이 잘 되지 않더니 결국 내 돈을 가지고 도망갔다. 당시 한국 돈으로 이천만 원 정도 되는 적지 않은 금액이었다. 마음 같아서는 당장 쫓아가 따지고 싶었지만, 부정적인 곳에 에너지를 낭비하고 싶지 않았다. 그렇게 나의 호주 삶은 끝이 났다.

2년이 조금 넘는 시간 해외 생활을 하면서, 평생 경험할 수 없는 것들을 경험했다. 안좋은 일도 많았지만 값진 것들도 너무나 많았다. 그들이 살아가는 방식, 밑바탕에 깔려 있는 선진문화, 직업에 귀천을 두지 않는 모습들, 일에만 속박되지 않고 삶을 즐기는 태도.어느 하나 나에게 도움이 되지 않았던 것들은 없었던 것 같다.

요즘 우리나라 20대, 30대들 사이에 '오늘을 즐기는 삶'을 모토로 하는 '욜로(YOLO: Your Only Live Once) 라이프'가 유행이다. 그런데 호주인들이 사는 모습을 통해 미리 욜로 라이프를 경험한 나는, 지금 우리나라에는 시기상조인, 맞지 않는 개념이라고 말하고 싶다.

그들은 현재를 즐기기 위해 버는 돈을 아낌없이 써도 노후가 어느 정도 보장된다. 그러나 현실적으로 우리나라는 그렇지 않다. '한 번뿐인 인생, 현재를 즐겨라!' 백 번 생각해도 옳은 말이지만 미래를 위한 투자를 게을리한다면, 그 즐거운 현재를 계속 이어갈 수 없다는 점을 기억해야 한다.

세상에 공짜로 주어지는 것은 없다. 얻는 것이 있으면 분명 잃는 것도 있는 법이다. 행복을 위해서라면 마땅히 지불해야하는 것들도 있다는 것을 잊어서는 안된다. 그것이 돈이 됐든, 시간이 됐든, 기회가 됐든 나이가 됐든 말이다.

지금 생각해보면 그들은 그랬다. 열심히 일하고, 지혜롭게 놀고. 내일이 없는 것처럼 흥청망청 오늘을 소비하는 것이 아니라, 내일을 위해 오늘을 알차게 보내는 삶을 살았다. 그것이 진정한 YOLO아닐까?

라이프 밸런서

5

무명을
더 응원합니다

그들이 견뎌낸 시간에 대해
무한의 박수와 성원을 보내고 싶다.

나는 연예인, 유명인들의 건강을 관리하는 트레이너로 가장 많이 알려져 있다. 하지만 그런 사람들만 고객으로 두는 것은 당연히 아니다. 아이돌 연습생처럼 자신의 꿈을 좇는 사람들, 열심히 살지만 빛을 보지 못한 사람들, 그리고 평범하지만 자신만의 길을 묵묵히 가는 사람들이 내 주변에는 더 많다.

우리는 모두 세상의 주인공으로, 혹은 내 인생의 주인공으로 화려한 스포트라이트를 받는 날을 꿈꾸며 열심히 노력한다. 매일 운동을 하고 몸을 관리하는 것도 그 노력 중 하나다. 손에 잡히지 않는 목표를 향해 매일 우직하게 도전하고, 상처받고, 또 다시 도전하는 그들을 보면 가슴이 찡하다. 그래서 나는 내 자리에서 나

름대로 무명의 스타들을 응원해오고 있다.

다른 사람의 꿈을 응원하는 나만의 방법이 있다. 사실 꿈을 이루기 위해 준비하는 친구들은 트레이너의 개인 지도를 받기 쉽지 않다. 연습생의 경우에도, 운동하고 몸도 만들고 싶지만 회사의 지원이 넉넉하지 않는 경우가 많다.

하고 싶은 게 있는데 눈치 보고 좌절하는 친구들을 볼 때마다 나는 예전의 나와 처지가 비슷한 것 같아서 마음이 쓰인다. 물론 동정하는 것은 아니다. 그들도 충분히 멋있는 사람이 될 수 있다는 것을 알고, 믿기 때문이다. 그래서 나는 의욕은 있으나 여건이 되지 않는 친구들의 운동을 무료로 돕는다.

경제적인 문제 때문에 운동을 못한다는 것은 내 관점에서는 절대 있을 수 없는 일이다.

하고 싶은 의지는 넘치는데 외적인 이유로 할 수 없다는, 그것만큼 불합리한 것이 어디 있을까? 일단 나와 인연을 맺은 많은 친구들은 더더욱 그런 것에 대해 신경 쓰지 않게 만들고 싶다.

나 또한 뒷받침 해주는 사람 없이 혼자서 커온 케이스라 그런지 무명 생활이 힘들다는 것을 알고 있다. 처음 트레이너 일을 시작할 때의 설움과 어려움을 떠올리면 지금 생각해도 가슴이 먹먹하다.

각기 처한 상황이 다르므로 모두의 상황을 나의 일처럼 이해한다는 것은 거짓말일 수도 있겠다. 나도 상상할 수 없을 만큼 힘들게 꿈을 향해 달려가는 사람들도 많을 것이다.

그런 사람들에게 내가 지금 해줄 수 있는 것은 이 정도밖에 없다. 금전적이나 물질적으로는 도와줄 수도, 도와줄 생각도 없다. 그것은 그들을 위한 것이 아니기 때문이란 걸 잘 알고 있기 때문이다.

누구나 힘들 때가 있기 마련이다. 빠른 시간 안에 본인이 바라는 것을 이루면 좋겠지만 그렇지 않더라도 끝까지 밀어붙여서 대기만성 하는 것도 굉장히 중요하다고 생각한다.

나도 대기만성을 믿는 사람이다. 그리고 그럴 수 있다고 확신할 수 있다. 우리가 하고자하는 방향, 가고자하는 방향에서 어떤 일들이 일어날지는 아무도 모른다. 좋은 일이 있으면 아마 나쁜 일도 있을 것이다. 하지만 그것 또한 우리가 인생을 살아가는 하나의 과정일 뿐이다.

요즘 연예계는 늦깎이 열풍이다. 10년 이상의 무명의 세월을 이겨내고 상을 수상하시는 분들이나 주연으로 올라서는 분들을 보면 마음이 따뜻하고 내가 다 뿌듯해진다. 그들이 견뎌낸 시간에 대해 무한한 박수와 성원을 보내고 싶다.

꿈과 열정이라는 단어 하나로 버텨낸 그 시간들을 누가 쉽게 '이해한다'고 말할 수 있을까. 좋은 결과를 마음껏 누리는 것은 그들의 몫이다. 시간이 지나도 그런 사람들은 변하지 않고 본인의 길에서 열심히 살아갈 것이다. 그리고 자신과 비슷한 상황을 겪는 사람들에게 힘을 줄 것이라 믿어 의심치 않는다.

생각보다 세상에는 나를 믿어주는 사람들이 많다. 우리는 그 사람들을 위해서 살아야 될 필요도 있다. 나 역시 나를 믿고 지켜봐주는 사람들을 실망시키고 싶지 않다. 주변에서의 어떤 유혹이나 비난에도 내가 나의 믿음을 가지고 내 사람들과 함께 살아간다면 결코 외롭지 않다.

가끔은 원치 않던 상황이나 구설수에 의해 지금 내가 가는 길에 대한 나의 믿음에 대한 의심이 들 수도 있다. 나는 그럴 때마다 내가 어떻게 지금까지 살아왔는지를 생각해본다. 그때를 생각하면 지금은 굉장히 감사하게 살아갈 수 있는 상황임은 부정할 수 없다.

어른들이 '지나고 나면 아무것도 아니다'라는 얘기를 많이 하셨는데, 그 말의 깊은 뜻을 이제서야 이제 조금은 이해가 될 것 같기도 하다. 나와 같은 삶을 살고 나의 과거의 삶과 같은 길을 오고 있고 가고 있는 내 마음의 동료들에게 내가 가장 힘든 시절에 마음에 새겼던 이 말을 꼭 전하고 싶다.

라이프 밸런서

"잔잔한 바다는 훌륭한 뱃사공을 만들 수 없다"

잔잔하지 않은 바다에서 꼭 훌륭한 뱃사공이 되어 보자. 그리고 어떤 모습이 됐든 꼭 최고의 자리에서 만나자.

열정이라는 단어 하나로 버텨낸
그 시간들은 누가 이해한다고 할 수 있을까.
그들은 충분히 영광을 누릴 자격이 있다.

분명 그런 사람들은 변하지 않고
본인의 길 위에서 열심히 살아갈 것이다.

5년만 더 기다려라,
나와의 약속

30살에 나를 트레이너라고 무시하던 사람들에게
그리고 집안만 믿고 자신감 넘치는 사람들에게 나는 다짐했었다.

내가 85GYM을 오픈한지 이제 3년이 지났다. 30살에 시작했으니 어떻게 보면 이른 나이에 내 사업을 시작한 것이다. 내 사업을 시작하면서 정말 다양한 사람들을 만났다. 운영을 하면서 시행착오도 많았다. 문제는 하고 싶은 것도 너무 많아졌고 해야 할 것도 너무 많아졌다.

마음이 많이 조급해지던 시기도 있었다. 그리고 사람들로 인해 겪은 위기 상황도 있었다. 믿었던 사람들이 내 의도와는 다른 방향으로 갔고, 그렇게 나는 고스란히 그 피해를 떠안아야하는 상황들도 있었다.

항상 무슨 일에든 입장 차이라는 것이 있기 마련이다. 하지만 나도 사람이기에 어떤 때는 진짜 화가 나기도 했고, 찾아가 보려고도 했다. 하지만 의미 없는 일이었다. 굳이 내가 그렇게 하지 않아도 시간이 지나면 알게 되리라 믿었다.

나는 둥글둥글한 성격이 아니다. 내가 살아온 인생이 나를 그렇게 만들었다. 내가 강하게 살아남지 않으면 안되는 상황에 항상 놓여 있었기 때문에 맺고 끊음이 강했고, 한번 아니다 싶은 것에는 더 이상 신경을 쓰지도 않았다.

그렇게 하다 보니 당연히 옆에 있던 사람들 중 일부는 실망을 하기도 하고, 나를 싫어하기도 했다. 그렇게 나의 부덕함으로 인해 정말 내가 좋아했던 사람들도 잃었었다.

인간관계 말고도 이제까지 오면서 일적으로도 많은 일을 겪었다. 돈으로 사기를 치려는 사람도 만났고, 말도 안 되는 루머로 괴롭히는 사람들도 만났고, 심지어는 직접 공격하는 사람도 만났다. 내가 하는 비즈니스가 사람을 상대하는 일이다보니, 정말 다양한 이들을 경험하며 그만큼 많은 문제를 해결해왔다.

이런 모든 상황이 스트레스로 다가왔던 적도 있다. 그러나 이제는 다 나에 대한 관심과 기대가 있기 때문이라고, 긍정적으로 생각한다. 그들을 위해 할 수 있는 일은 내가 훨씬 잘되는 모습을 보여주는 것뿐이다. 입으로만 떠드는 게 아니라 내가 할 수 있는 한 최대한 열심히 해서 발전되는 모습과 더욱 성장하는 모습을 보여주는 게 가장 좋은 방법이라고 확신한다.

그래서 나는 다짐한다. 내일의 나는 오늘과는 달라야한다고. 더 나은 내일을 살아야한다고 말이다. 일적인 부분뿐만 아니라 인간적으로도 더욱 성숙해야 한다고 다짐하고 또 다짐한다.

나의 다음 목표는 회사를 만드는 것이다. 누구나 평생 건강하게 살 수 있도록 운동과 음식을 공급하는 종합 헬스케어 회사를 만들 것이다. '만들고 싶다'는 의미가 없다, 마음을 먹었기에 그리고 목표로 정했기에 반드시 해야 한다. 불필요한 감정소비, 체력소비를 하기보다는 그저 전진하고 싶다. 나는 조금씩 매년 성장하고 있다 30살과 31살이 달랐고, 32살도 달랐다. 그 이후도 다를 것이다.

앞으로는 더 자신감 속에 겸손함을 가질 수 있도록 노력해야 한다. 이전에 겪었던 일들 또한 다시 되풀이하지 않으려고도 노력해야 한다. 말처럼 쉽지는 않겠지만 인격적으로든 일적으로든 나는 성장할 것이다.

30살에 나를 트레이너라고 무시하던 사람들에게 그리고 집안만 믿고 자신감 넘치는 사람들에게 나는 다짐했었다.

'5년만 기다려라. 나를 무시할 수 없는 위치까지 올라가 주겠

라이프 밸런서

다'라고 말이다. 나는 그 약속을 죽도록 지키고 싶다. 처음에는 그들에게 보여주고 싶었지만, 지금은 나의 삶과 미래 그리고 나를 믿어주는 많은 사람들을 위해 꼭 지키리라 다짐한다.

나는 할 수 있다. 내 사람들과 행복한 미래를 꿈꾸려면 지금은 앞을 보고 달려야 하는 시기인 것이다.

지금의 삶에 집중하라는 사람들도 많다. 너무 앞만 보고 달려가지 말라고 걱정해주는 사람들도 많다. 나는 지금 나의 삶의 목표를 위해 달려가고 있기 때문에 힘들지 않다. 함께하는, 나를 사랑해주는 사람들이 있기에 힘들지 않다. 나는 그들을 지키고 싶다. 이 정도의 이유라면 한 번 도전해 볼만 하지 않은가. 내 피같은 젊음을 투자해서 말이다.

나는 다짐한다.
내일의 나는 오늘과는 달라야 한다고.
더 나은 내일을 살아야 한다고 말이다.
일적으로, 인간적으로
더욱 성숙해야 한다고

다짐하고
또 다짐한다.

CHAPTER

6

스킬보다
스피릿으로
승부하라

1

집안 탓, 세상 탓,
남 탓하지 마라

나는 사회적으로 불리한 입장에 놓였다고 투덜대지 않는다.
오히려 가진 게 없으니 잃을 것도 없다고 생각하며 도전한다.

요 몇 년간 '수저 계급론' 논쟁이 뜨거웠다. 흙수저, 은수저, 금수저···. 집안 환경에 따라 인도의 카스트제도처럼 사람의 등급을 구분하는 것이다. 부모의 탁월한 재력이나 권력을 타고난 사람은 금수저라서 세상을 살기 쉽고, 집 한 채 겨우 가지고 있는 평범한 가정은 흙수저라서 자녀의 미래까지 암담하다는, 웃지 못할 이야기다.

그런데 아이러니하게도 수저 계급론을 입에 담는 사람들은 대부분 자신이 흙수저라고 생각하는 사람들이다. 금수저라 칭해지는 사람들이 스스로 '나는 금수저입네'하며 거드름 피우는 것은 거의 보지 못했다.

나는 이렇게 생각한다. 어쩌면 평범한 사람인 우리가 스스로 잘못된 기준을 만들어 우리를 가두는 것이 아닐까? 가진 자와 못 가진 자를 가르고, 등급을 매기고, 또 그 등급에 대한 고정관념을 만들고. 그렇게 만들어진 틀 안에서 열등감을 갖게되는 구조를 우리가 스스로 선택한 것이 아닐까?

안타까운 것은 숟가락 논쟁으로 인한 피해가 고스란히 사회적 약자에게 돌아간다는 점이다. '나는 평범하고 별볼 일 없다'는 의미로 재미삼아 만든 흙수저라는 단어가, 정말 좋지 않은 상황에서도 꿋꿋이 살아내고 있는 누군가에게 돌이킬 수 없는 낙인이 될 수도 있는 것이다.

나는 어린 시절 IMF이라는 거대한 벽에서 좌절했었다. 우리 집도 그러했다. 날마다 은행 직원과 빚쟁이들이 찾아와 문을 두드렸고, 항상 불안에 떨며 살아야 했다.

아버지는 파산하셨고 어머니는 회사를 다니시면서 주방 보조 아르바이트도 하고, 부업도 하셨다. 돈이 되는 일이라면 닥치는 대로 하셨다. 나는 거대한 몸집의 놀림받는 아이였다. 이렇게 따지면 나는 흙수저 계급이다. 그것도 잘살 수 있는 가능성이 1% 될까말까 하는 흙수저 중의 흙수저다. 하지만 나는 사회적으로 불리한 입장에 놓였다고 투덜대지 않는다. 오히려 가진 게 없으니 잃을 것도 없고 두려운 것도 없다고 생각하며 도전한다.

라이프 밸런서

나는 금수저들, 소위 말하는 잘나가는 사람들과의 자리를 두려워하지 않는다. 아니 오히려 즐긴다. 그들이 잘 사는 비결을 배울 수 있는 기회가 되기 때문이다.

돈뿐만 아니라 사회적 위치나 명예까지 나보다 월등한 사람들 사이에서도 주눅들 필요가 전혀 없다고 생각한다. 나는 이제 막 성장하는 사람일 뿐이기 때문이다. 지금은 그들보다 조금 뒤처져 있지만, 미래는 어떻게 될 지 모른다. 나는 적어도 그들과 같은 자리에 있을 수 있다는 자신감으로 매일을 산다.

가끔 이런 사람도 있다. 내가 어리다는 이유로, 그리고 몸을 쓰는 트레이너라는 직업을 가지고 있다는 이유만으로 무시하거나 낮춰 보는 이들. 나는 그런 사람들을 볼 때마다 이렇게 생각한다 '몇 년만 기다려라. 내가 이 상황을 뒤집어 주겠다'고.

가난하고 불우했던 어린 시절을 지나며 잘 배운 것 하나는 나에 대한 '자존감'인 것 같다. 나 또한 모든 것이 불만이고, 모든 상황에 대해서 예민할 때가 있었다. 하지만 그것은 상황에 대한 것이었지 나 자신이나 부모님에 대한 것은 절대 아니었다.

오히려 지금의 나이가 되고 나니 어린 시절에 겪었던 그런 상황들이 너무 감사하고 소중하다. 그때 나의 생활들이 나를 더 강하게 만들어주었고 더 열정적인 삶을 살 수 있게 만들어 주었기

때문이다

가진 것이 없었기 때문에 잃을 것도 없었고 그렇기에 더 과감
할 수 있었고 겁날 것도 없었다. 더 떨어질 곳도 없는 낭떠러지에
서 사는 방법을 익혔기 때문이다. 지금도 마찬가지다. 별로 무서
운 게 없다. 떨어지면 어떻게 올라오는지를, 그리고 어떻게든 기
어오르면 오를 수 있다는 사실을 알고 있는데 뭐가 두려울까?

세상이란 무대가 나에게 주는 것은 시련만이 아니라는 것을
잘 알아야 한다. 내가 절대 공감하는 말 중에 '상황이 사람을 만든
다'는 말이 있다. 여기서 말하는 '상황'이라는 것을 나는 '내 마음
의 상황'이라고 해석한다. 즉, 집안 상황, 나라 상황, 세상의 상황
이 아무리 어려워도 내 마음의 상황을 어떻게 만드느냐에 따라 결
과는 완전히 다르다는 뜻이다.

위인전을 보면 난세에 영웅들이 많이 등장한다. 항상 어려운
상황에 처해 있지만, 불굴의 의지로 그것을 이겨내고 자신만의
성과나 위치를 만들고 성공한 이들이 바로 영웅이다. 외적인 상
황이 어렵다고 나약해져서 마음의 상황마저 흩트린다면, 어떻게
되었을까? 탁월한 능력을 갖췄더라도 그들은 그저 그런 한 명의
엑스트라로 살다 갔을 것이다.

나는 그저 그런, 시대의 엑스트라가 되고 싶지 않다. 시대와

라이프 밸런서

함께 숨쉬며, 그 안에서 무언가를 이루는 주연이 되고 싶다.

얼마나 재미있는가. 항상 다른 상황 속에서 절망도 해보고, 환호도 해보고. 때로는 잘되기도 하고, 실패하기도 하고. 그렇게 나만의 스토리를 만들어가고 싶다. 그래서 나는 세상의 상황 속에 묻히지 않으려 무던히 애쓴다.

내가 하고 싶은 일을 할 수 있는 상황을 만들고, 그에 걸맞는 실력을 키우는 것이 우리가 젊을 때 해야 할 과제이다.

내가 좋아하는 말 중에 "가장 창피한 건 실력 없는 자존심이다"는 말이 있다. 많은 사람이 자신의 실력을 객관적으로 파악하지 못한다. 그러면서 '나는 왜 안될까'라는 생각을 하고, 막연한 불만을 가진다.

그러기 전에 내가 가지고 있는 실력이 진짜인지, 경쟁력을 갖출 만큼 노력을 했는지 파악하는 것이 중요하자. 실력은 없는데 자존심만 세우며 남 탓, 세상 탓하는 것만큼 바보같은 일은 없다.

나는 그저 그런
시대의 엑스트라가 되고 싶진 않다.
시대와 함께 숨쉬며
그 안에서 무언가를 이루는 주연이 되고 싶다.

그래서 나는 세상의 상황 속에 묻히지 않으려 무던히 애쓴다.

2

내 상태를
객관적으로 평가하라

내 상태를 인정함으로써 한 단계 성장할 수 있는 발판을 만들 수 있고,
그렇게 좀 더 전문적이고 신뢰받는 사람이 될 수 있다.

우리나라 사람들은 자신에게는 관대하고 남에게는 굉장히 인색하다. 내가 함께하는 트레이너들에게 항상 하는 얘기가 있는데 "너의 실력을 파악하는 것이 진짜 실력이다."라는 말이다. 아무리 겸손한 사람이라도, 실제 자신의 위치나 실력에 비해 뛰어나다고 착각하는 경우가 생각보다 많다.

운동할 때도 그렇지만, 모든 일을 시작하기 전에는 '나'에 대해 먼저 정확히 파악해야 한다. 실력과 인성 모든 면에서 객관적인 시각으로 나를 평가해 볼 필요가 있다.

누가 봐도 성실하고, 열심히 하는 사람은 대개 인성이나 자존감, 능력 등 여러 가지 면이 뛰어나다. 하지만 열심히 하는 것만으

로는 원하는 성공을 맛보기 힘들다. 운도 따라야 하고, 환경적으로도 뒷받침되어야 높은 문턱을 넘을 수 있다. 그러나 기본기가 탄탄하기에 성공이라는 열매를 맛보기에는 더 유리한 조건을 갖춘 것이라 할 수 있다.

그런데 가끔 '이 친구는 이 일에 적합하지 않은 것 같다'는 생각이 드는 사람을 만날 때가 있다. 그들의 행동을 가만히 지켜보면 여지없이 게으름을 피우거나 불성실하다. 노력과 열정이 적은 것은 물론이다. 그런데도 당당하게 "이 일이 나와 잘 맞는다"고 말한다.

그 이유는 무엇일까? 곰곰히 생각해보니 두 가지 경우가 있는 것 같다. 앞에서 이야기 한, 자기 점수가 높은 경우. 아니면 할 줄 아는 것이 이것 뿐이라 죽으나 사나 이 일을 해야 하는 경우.

둘 다 잘못 됐지만, 나는 후자가 더 큰 문제라고 본다.

잘할 수 있는 게 이것뿐인데, 할 수 있는 게 이것밖에 없는데 왜 더 노력하지 않을까? 그것은 자신에 대한 만족에서 나온다고 생각한다. 결국 후자는 전자보다 더 오만한 사람인 것이다.

이런 사람들은 어떤 일을 하든 '이 정도면 됐어!'라며 쉽게 만족한다. 이런 안일한 생각에 갇혀 있다 보니 주변의 누군가가 "그 정도면 잘한다. 충분해."라는 말 한마디만 해도 노력을 멈추게 된다. 긍정적인 마인드는 좋지만, 착각에 가까운 긍정성을 가지다 보니 자신이 처한 상황을 정확히 인식하는 눈을 잃는 것이다.

대단히 큰 오류다. 정말 잘되는 사람들을 보면 대개 그렇지 않다. 최선을 다하는 중에도 본인을 더 몰아붙이고, 뭔가를 더 만들어 보려고 노력한다. 그 정도면 됐다 싶을 때도 속에서 뭔가를 끄집어내 더 좋게 만들어보려 애쓴다. 나는 그 사람들이 자신을 지극히 객관적으로 바라보는 엄청난 능력을 지녔다고 생각한다.

스스로를 객관적으로 평가하는 능력을 갖춘 사람은 쉽게 따라잡기 힘들다. 그 능력으로 동료와 경쟁자들 즉, 3자를 평가하고 그에 비견해 자신의 점수를 매길 수 있기 때문이다. 그 다음 빠르게 행동에 돌입한다. 배울 것이 있으면 선생님을 찾고, 시간을 들여야 하면 계획을 짠다.

이들은 대체로 상황 파악이 빠르고, 그 상황을 해결하는 방식이나 노력이 그렇지 않은 사람들보다 훨씬 더 능수능란하다. 그렇게 모든 일에서나 자신을 완성형으로 만들고 좋은 결과를 낸다.

이렇게 자신의 상태를 객관적으로 평가하고 파악하는 눈은 인생을 좌우할 만큼 중요한 것이다.

내가 트레이너 생활을 하면서 가장 중요하게 생각하는 부분이 있다. 나는 트레이너지 의사도, 물리치료사도, 재활사도 아니라는 것이다.

최근 트레이너들이 도수법이나 근막이완술 등 질 좋은 교육을 많이 받으면서, 마치 자신이 의사라도 된 것처럼 행동하는 경우가 있다. 물론, 몸을 연구하는 트레이너로서 충분히 감당할 수 있는 범위의 일이지만, 나는 그러한 생각이 굉장히 위험하다고 본다. 트레이너로서의 자신의 능력을 향상시키려고 노력하는 모습은 칭찬받아야 마땅하다. 자신의 능력이 허락하는 한 고객의 문제를 해결하려 노력하는 점 또한 마찬가지다. 하지만 그것이 과해져 직업의 경계를 넘어선다면 그 피해는 자신뿐만 아니라 나를 믿고 찾아와준 손님에게까지 고스란히 돌아간다는 사실을 잊으면 안 된다.

직업인은 각자 전문 분야가 있다. 그런데 그 경계를 넘어서려는 시도를 하는 순간, 많은 위험이 초래된다. 자신의 위치와 실력 객관적으로 파악하고, 할 수 있는 것과 그렇지 않은 것을 구분짓는 용기가 필요하다.

나를 객관적으로 바라보는 데는 큰 용기가 필요하다.
나를 객관적으로 평가하는 과정에서 맞닥뜨리는 자기 상실감과 냉정한 현실에 대한 두려움을 이겨내야 하기 때문이다. 나 역시 마찬가지다. 나를 객관적으로 평가할 일이 있을 때마다 '내가 이 정도 했는데 이것도 못하는구나.'하며 자기비판에 빠지는 경우가 부지기수다.

그럴 때 우리가 가져야 하는 올바른 자세는 상태에 대한 객관적인 판단 이후 적절한 수준에서 놓는 것이다. 욕심이 과해져서 내가 해결할 수 없는 영역까지 침범하고 있었다면, 그 분야의 전문가를 믿고 맡겨야 한다. 그러나 만약 나의 일이고, 전문성을 갖추어야 하는 부분임에도 불구하고 부족했다면, 뼈저리게 반성하고 다시는 그런 상황을 만들지 않기 위해 노력하면 된다.

이렇게 나를 객관적으로 바라보고, 할 수 있는 일과 할 수 없는 일을 구분지음으로써 우리는 한 단계 더 성장할 수 있는 좋은 계기를 마련할 수 있다. 그렇게 함으로써 나는 좀 더 전문적이고 신뢰 있는 사람이 될 수 있으며, 시간이 조금은 걸릴 수 있겠지만, 훨씬 더 자신의 분야에서 높은 위치에 오를 수 있다고 나는 확신한다.

자신을 객관적으로 아주 세밀하게 파악하자. 그것이 우리가 우리의 삶에서 일에서 성공에 이를 수 있는 가장 정확한 길이다.

우리는 아직 젊다. 무엇이 그리 급한가? 인생이라는 시간을 두고 봤을 때 우리는 아직 시작이다. 나 또한 위의 상황들을 대처하

라이프 밸런서

는 방법이 능숙하다고 볼 수는 없지만, 시간이 지나면서 적어도 고집을 버리는 방법은 터득한 것 같다.

하나하나씩 차근차근하게 본인 스스로 기회를 주면서 스스로 창피하지 않은 상황을 만들 다 보면, 어느 순간 우리는 그 분야에서 인정받는 위치에 있을 것이다.

정말 잘 되는 사람들은 본인을 좀 더 몰아붙이고,
뭔가를 더 만들어 보려고,
더 좋게 만들어 보려고 노력한다.

나는 그 사람들이 자신을
지극히 객관적으로 바라보는
엄청난 능력을 지녔다고 생각한다.

3

머무르지 마라,
그 순간 모든 것이 멈춘다

나는 트레이너라는 직업에서 더 많은 무언가를
할 수 있는 게 있지 않을까 항상 생각한다.

문득 내 글을 읽고 있는 독자들은 어떤 인생을 사는 분들일까?
라는 궁금증이 생긴다. 다양한 분야에서 다양한 일을 하고 있는
분들이었으면 좋겠다는 생각도 같이 해본다.

당신은 일에 대해 어떤 생각을 가지고 있는가? 만족하며 즐겁
게 하고 있는가, 혹은 어쩔 수 없이 먹고살아야 하기 때문에 하고
있는가? 일을 더 잘하기 위해 동분서주하는가, 혹은 주어진 일만
적당히 처리하고 싶어 눈치보고 있는가?

나는 내가 하는 일에 대한 만족도가 꽤 높은 편이다. 때로는
힘들고 지치기는 하지만, 함께 하는 이들의 변화를 눈으로 확인할

때면 모든 피로가 풀릴 만큼 모람을 느낀다.

나는 가끔 내가 왜 이렇게 재미있게 일하는가에 대해 질문한다. 매일 사람을 상대해야 하고, 그들의 스트레스를 온몸으로 흡수해야 하는 직업. 항상 같은 공간에 갇혀 같은 운동을 반복해야하는 지루한 직업이 트레이너다. 부정적으로 생각하면 그렇지만, 긍정적으로 생각하면 누군가의 인생을 바꿀 수 있는 직업이 트레이너다. 한때 비만 소년이었던 내가 지금의 삶을 살게 되었듯이 말이다.

나는 내 일의 좋은 점이 더 많이 드러나길 바란다. 그리고 우리나라 사람들이 자신의 몸을 더 소중히 여겼으면 좋겠다. 나의이 생각을 전달하기에 체육관이라는 공간은 너무 작았다. 그래서어떻게 하면 더 많은 이들을 만나 내 이야기를 할 수 있을까 늘 고민했고, 어느 정도의 결과를 내고 있다.

대학 강의, 대기업 강의, 아티스트 컨디셔닝 등등 일반적인 트레이너들이 쉽게 시도하지 않는 일을 나는 한다. 그냥 가만히 있는데 그들이 나에게 그런 일을 맡긴 것은 당연히 아니다. 좋은 뜻을 적극적으로 알리려다보니 저절로 기회가 생겼다.

5년 전, 문득 '내가 직접 강의를 통해 몸만들기의 중요성을 알리면 어떨까?' 라는 생각을 했다. 무슨 자신감이었는지 교보생명에 근무하는 지인에게 바로 전화를 걸어, 교육팀을 소개해달라고 했다. 그리고 천안에 있는 연수원으로 처음 강의를 나갔다. 회사 창립 이래 운동에 관련된 강사가 직원을 대상으로 강의한 적은 없었다고 한다. 그럼에도 불구하고 앵콜 요청이 들어와서 몇 번 더 강의를 나갔다. 지금 생각해보면 그때의 무모한 도전이 나에게는 아주 좋은 경험과 이력을 만들어 준 것 같다.

뿐만 아니다. '가수 컨디셔닝'이라는 새로운 분야를 개척하기 위해 5년이라는 시간을 쏟았다. 2PM, 2AM의 콘서트부터 시작해서 나의 뜻과 재능을 기부한다는 생각으로 열심히 뛰었다. 2013년, 2AM의 해외 공연에 함께한 뒤 무대에 서는 이들에게 컨디셔닝이 어떤 의미인지 확실히 알게 되었다. 이 분야에 대한 확신을 얻으면서 비스트, BTS 등 세계적인 아이돌의 전담 컨디셔닝 트레이너도 맡게 되어 여러 가지 스케줄을 함께하고 있다.

내가 새로운 시도를 한 이유는, 내 직업에 대한 퀄리티를 스스로 올리고 싶었기 때문이다.

트레이너라는 직업의 이미지 자체가 좋지 않은 것이 사실이다. 아직까지도 사람들의 머릿속에 트레이너는 전문가라는 인식이 없다. 몸만들기 대회 나가서 상을 타거나, 체육학과를 나오면 누구나 할 수 있는 직업, 혹은 동네에서 운동하다가 관장님한테

라이프 밸런서

잘 보이면 직원으로 들어갈 수 있는 쉬운 직업. 이것이 지금 트레이너라는 직업에 대한 사람들의 인식이며 사회적 인식인 것 같다.

나는 내 일이 그런 식으로 보이는 게 굉장히 자존심 상한다. 트레이너를 나의 업으로 삼겠다 결심했을 때, 나는 속으로 '이 분야에서 정점은 찍어야지.' 라고 생각했다. 물론 자기 삶에 만족하고 행복하게 사는 것이 가장 이상적인 삶이다. 하지만 그것도 때가 있다고 생각한다. 무조건 현재의 삶에 만족하는 것은, 내 삶에 대한 배신이 아닌가 생각한다. 발전 가능성이 충분한데 그만 놓아 버리는 것과 다를 바 없다. 그래서 나는 멈추는 순간 모든 것이 사라진다는 생각으로 계속 달린다. 나에게는 이뤄야 할 꿈과 목표가 있기에 그 길이 고통스럽지만은 않다.

하고자 하는 사람은
뭐라도 한다

최선을 다하지는 못할지언정 온 힘을 다하려고 노력은 한다.
그렇게 하면 둘은 얻을 수 없어도 하나 반은 얻을 수 있다.

당신은 꿈이 무엇인가? 그 꿈을 좇아서 가고 있는가? 그 꿈이
라는 걸 본인 스스로 만든 것인가? 아니면 누군가에 의해 만들어
진 가짜 꿈인가?

목표와 꿈의 크기는 각자마다 다를 수밖에 없다. 하지만 그것
을 이루고자 하는 노력은 다를 수 없다.

우리는 습관적으로 '최선을 다했다'는 말을 쓴다. 그런데 나
는 이 말이 위험하다고 생각한다.

사람이란 동물은 자기 방어적인 성향이 크기 때문에 어떤 상
황에서든 본인을 보호하고 변명하려 한다. 그러므로 정말 최선이
라는 말을 쓸 수 있는 사람은 세상에 많지 않다.

라이프 밸런서

나는 어떤 일을 마칠 때마다 항상 나에게 질문한다.

"정말 최선을 다했는가?"

한 번도 이 대답에 '그렇다'라고 대답한 적은 없었다. 항상 아쉬웠다. 거기서 이걸 더했으면 어땠을까 내가 조금만 열심히 했으면 어땠을까 하는 생각들로 가득 찬다.

그러나 최선을 다하지는 못할지언정 온 힘을 다하려고 노력은 한다. 그렇게 하다 보면 둘은 얻을 수 없어도 하나 반은 얻을 수 있다. 그렇게 내 인생의 재산이 쌓이고, 결국은 하고자 하는 것을 이룰 수 있다.

어떤 일을 할 때 중요한 것은 선택과 집중이 아니다. 선택과 집중 이전에 현실을 파악하고 그것을 인정하는 과정이다. 일단 현실을 파악하고 본인의 상황을 냉정하게 인정해야 한다. 그래야만 시간과 노력을 낭비하지 않을 수 있다.

실패해도 괜찮은 환경에 있는 사람들이야 뭐라도 시도해보면 좋겠지만 우리는 대부분 그렇지 않다. 때문에 나와 환경을 객관적으로 바라보고, 성공 가능성이 높은 일에 집중해서 달려들 필요가 있다.

선택과 집중은 그 이후에 당연히 이루어져야 하는 과정이다. 그렇게 해야만 리스크가 줄어든다. 사람의 능력은 한계가 있기 때문에 능력이 된다고 해서 모두 다 할 수는 없다.

'무엇이 하고 싶은가? 또 무엇이 되고 싶은가? 무엇을 위해 나는 이 길을 걷고 있는가?' 와 같은 질문을 끊임없이 던지면서 선택하고, 선택한 그 길에 집중해야 한다.

길이 정해진 삶은 없다. 언제든지 상황에 따라 바뀔 수 있다. 그러나 내 머릿속에 생각이 정립되지 않고, 나에 대한 냉정한 파악이 되어 있지 않다면 수없이 많은 샅래의 길 위에서 해맬 가능성이 크다.

실패는 누구나 겪을 수 있다. 하지만 실패를 해도 일어날 수 있는 구멍은 항상 필요하다. 하고자 하는 의지와 스스로에 대한 냉철한 파악이 된다면 언제든 일어날 수 있다고 감히 장담할 수 있다.

'이것이 내가 가고자 했던 길인가?'

'나는 사업체를 운영할 준비가 되어 있는가?'

'잘 하기 위해서는 무엇부터 해야 할까?'

내가 운영하는 85GYM을 시작할 때 이런 질문을 수없이 던졌다. 어찌 보면 도박에 가까운 것이었다고 해도 과언이 아니었다. 30살의 어린 나이에 큰돈이 없어서 형이 대출을 받아주고 공사 시작과 끝까지 하루도 쉬지 않고 아르바이트를 병행하면서 돈

라이프 밸런서

을 채워나갔었다. 마지막에는 공사비가 모자라 결국 카드 대출까지 받았다. 내가 이렇게까지 일을 추진할 수 있었던 건 5년이 넘는 시간 동안 차곡차곡 쌓은 인프라, 나의 프로필 그리고 자신감이었다. 나는 지금까지의 노력만큼만 한다면 절대 망하지는 않겠다는 자신이 있었다. 그리고 지금까지 망하지 않고 잘 운영하고 있다. 뜻이 있는 곳에 길이 있다더니, 하겠다고 마음먹고 했더니 결국 한 가지 목표를 이룬 것이다.

재미있는 것은 이것이 나의 시작이라는 점이다. 85GYM을 만들면서 비로소 나는 베이스캠프를 가지게 되었다. 그때부터 본격적으로 나의 생각을 하나씩 현실로 이루기 위해 움직였다.

그 다음에 내가 한 일은 트레이너가 하는 일의 스펙트럼을 넓히는 것이었다. 방송, 강의, 아티스트 컨디셔닝 등을 통해 '트레이너=몸만드는 사람'이라는 통념을 깨기 위해 열심히 뛰었다. 그런 고민과 행동으로 이 자리까지 왔고, 이제는 좀 더 큰 꿈을 꿀 시기가 된 거 같다는 생각을 한다.

과정의 힘듦은 중요하지 않다. 세상에 쉬운 게 없다는는 것 알기에 하고자 하는 일이 생긴다면 밀어붙여 볼 수 있다고 생각한다. 이렇게 앞으로 나아가는 내 모습을 보며 "어린 나이에 성공했다."고 말하는 분들도 있다. 서울 끄트머리 쌍문동 단칸방에 살던 비만 소년이 강남 한복판에 트레이닝 센터도 차리고, 텔레비전에도 나오고, 분야에서 인정받은 것만을 본다면 성공한 것이 맞다. 하지만 내 기준에서는 아직 멀었다. 이제 시작이다.

항상 그래왔듯 만족은 없다. 누군가가 나에게 "김진우 대표가 생각하는 성공은 무엇입니까?"라고 질문한 적이 있다. 그때는 "우리나라에서 건강이라고 하면 제 이름, 제가 운영하는 회사 이름이 나올 정도까지 성장하는 것입니다"라고 대답했지만, 며칠 간 다시 생각해보니 그것이 아니었다.

나는 만족할만큼 성공하지 못할 것 같다. 분명 나는 뭔가를 이뤄내면 다른 무언가를 찾을 것이고 그것을 해내면 또 다른 무언가를 찾아낼 것이기 때문이다. 그래서 나는 성공을 이렇게 정의하기로 했다.

'내가 죽는 날이 왔을 때 정말 열심히 살았고 온 힘을 다하려고 노력했는지 묻고, 그 질문에 내가 고개를 끄덕일 수 있다면 그것이 성공이다.'라고.

목이 마른 사람, 간절한 사람은 노력할 수밖에 없다. 하고자 하는 마음이 있다면 뭐든 할 수 있다. 겁먹을 필요 없다.

결국에 이 세상을 만든 것도 사람이고 우리가 롤모델 삼는 잘

된 사람 들고 사람이다. 나도 사람이니 분명 앞선 사람들이 보여
준 것을 할 수 있다고 생각한다.

열심히 뛰자. 그리고 각자가 생각하는 이상적인 정상에서 웃
으면서 만나자. 모든 것은 이제 시작이다.

"정말 최선을 다했는가?"

한 번도 이 대답에 최선을 다했다고
대답한 적은 없었다.
항상 아쉬웠다.
거기서 이걸 더했으면 어땠을까,
내가 조금만 열심히 했으면 어땠을까
하는 생각들로 가득 찬다.

5

흐르는 물은 앞을
다투지 않는다

서로에게 상처를 주며 앞을 다퉈봐야 도착지는 비슷할 것이다.
약간의 시기는 다를 수 있겠지만 말이다.

우리는 무한 경쟁사회에 살고 있다. 그럴수록 '유수부쟁선(流水不爭先)' 즉, 흐르는 물은 앞을 다투지 않는다. 이 말을 상기시키면서 살아야겠다고 다짐한다.

계곡에서 굽이치는 물들을 보고 있으면 참 신기하게도 흘러넘치거나 길을 벗어남 없이 서로서로 아래로 흐른다. 때로는 부딪히기도 하지만 그것은 잠시이고 서로 섞여서 아래로 아래로 나아간다. 그렇게 유하게 바다로, 강으로, 냇물의 지류로 흘러내려간다. 과하지 않게 유유히 말이다.

우리가 사는 지금 이 사회는 너무나 빡빡하고 촉박하고 급하다. 그 속에서 우리는 많은 스트레스와 좌절을 맛보고 있다. 무엇

라이프 밸런서

을 위해 이렇게 살고 있을까?

물론 경쟁이 없는 사회, 긴장감이 없는 사회는 발전이 없다. 일적인 경쟁이나 아이디어의 경쟁 같은 서로 발전적인 경쟁들은 사회에, 서로에게 도움이 된다. 하지만 그 안의 감정적인 경쟁이나 도를 넘어선 경쟁은 누군가의 삶을 도태시키거나 심한 경우에는 망칠 수도 있다.

과연 그 안에서 얼마나 많은 것을 얻을 수 있을까?

사람들이 과도한 경쟁심을 가지는 데는 여러 가지 이유가 있겠지만, 너무 급하게 돌아가는 사회가 가장 큰 원인이 아닐까 생각한다.

생존을 위한 경쟁은 어쩔 수 없지만, 살아남기 위해 누군가를 짓밟거나 해하는 것은 옳지 않다. 내 일에 대한 퀄리티를 높인다든가 새로운 아이디어를 제안한다든가, 더 좋은 무언가를 만들어내는 것이 훨씬 더 효율적인 방법이 아닐까?

트레이너들도 과도한 경쟁 상황에 놓여 있다. 가격을 터무니없이 낮추거나, 남의 홍보물을 찢는다던가 하는 어찌 보면 굉장히 유치한 방식으로 경쟁한다. 그래서 나는 별다른 홍보 활동을 하지 않고 있다. 나도 처음에는 남들처럼 이것 저것 빠짐 없이 해보았지만, 결국 '최고의 홍보는 탁월한 실력'이라는 결론에 이르렀다.

나는 나만의 방식으로 경쟁사회에 뛰어들고 싶었다. 실력을 키우고, 남들이 하지 않는 걸 하는 것으로 말이다. 그러다보니 평범한 트레이너들은 하지 않는 일들을 찾아냈고, 자연히 언론 매체에 노출되었다. 그것이 매출로도 이어지고, 또 다른 일을 물고오는 긍정적인 효과가 나타났다. 어찌 보면 훨씬 더 문제없이 가는 탁월한 방법이었다.

눈앞의 이익만 바라보고 조바심 내기보다는 나의 길을 개척하는 방향을 택하는 것이 현명했다. 높게 빨리 쌓은 탑은 눈에는 먼저 띄겠지만 언제 무너질 지 몰라 전전긍긍 해야 한다. 안이 튼튼하지 않으면 모든 것은 한순간일 수 있다는 뜻이다. 나는 눈앞에 보이는 것보다 더 중요한 것들이 있다는 것을 늘 기억하며 빠르지만 조급하지 않게, 내공을 다지며 나아가고 있다.

과다한 경쟁으로 인해 마음이 다치거나 서로에게 피해가 되어서는 안 된다. 누군가에게 상처주지 않고서는 내가 원하는 곳까지 갈 수 없을까? 지금까지의 내 생각으로는 그렇지 않다. 왜냐면 내가 그렇지 않기 때문이다.

내가 아주 잘난 사람도 아니고 엄청나게 대단한 사람도 아니지만 삶의 목표를 향해 차근차근 다가가고 있다. 그 긴 여정 동안 나는 물처럼 흐르고 싶다. 앞을 다투지 않고, 부딪혀도 아무렇지

라이프 밸런서

않은 듯 다시 흐르며, 함께 공존할 수 있는 바다에서 다시 만나는 물이야말로 비즈니스 세계에서 가장 이상적인 형태가 아닐까 생각한다.

적어도 감정적인 경쟁은 버리자. 앞을 다퉈봐야 정말 아주 특별한 경우가 아닌 이상에는 도착지는 비슷할 것이다. 약간의 시기는 다를 수 있겠지만 말이다.

그러니 여러분도, 나도 서로 상처를 내지 말고 급하지 않게 나아갔으면 좋겠다. 유유히.

북큐레이션 • 삶의 밸런스를 찾고 변화하고 싶은 당신에게 추천하는 라온북의 책

진정한 나다움을 발견하고 매일의 감사를 통해, 0%에서 상위 1%의 인생으로 역전하는
명쾌한 방법을 알려드립니다.

온전한 나로
세상에 바로 서고
싶은 당신에게!

너답게 살아라

구명성 지음 | 13,800원

**"완벽하지 않아도 괜찮아. 지금은 바닥이어도 다시 올라갈 수
있어"**
**오늘, 지금 있는 그대로의 당신을 응원하는 언니의 뜨거운 위
토!**

사람은 살면서 늘 어려움과 장애물 앞에 설 수밖에 없다. 이렇게 수시로
닥쳐오는 어려움을 절망으로 받아들일 것인가, 행복으로 선택할 것인가
는 오롯이 나에게 달려있다. 이 책은 '나답게' 행복을 선택하라고 이야기
한다. 그러기 위해서는 나다움이 무엇인지 늘 고민하고, 선택의 기준을
만들며, 그 기준에 따라 행동하고 결정하라고 말한다. 그때 비로소 그
결과가 긍정이든 부정이든 내 선택이기에 책임질 수 있다는 것이다. 당
신은 여기서 포기하고 멈출 것인가, 아니면 한 번 더 해볼 것인가? 나답
게 한 번 더 하는 것을 선택하라! 오늘보다 나은 당신의 내일이 눈앞에
펼쳐질 것이다.

성공하는
습관을 만드는
감사의 힘!

땡큐파워

민진홍 지음 | 13,800원

**1,400명 인생을 바꾼 국내 1호 땡큐테이너의
하루 1분, 21일 감사일기 작성 노하우!**

흙수저, 헬조선, N포 세대 등 현실을 비판하는 시선과 언어들이 판을
치고 있다. '세상이 이러하니 그냥 이렇게 세상 한탄이나 하는 수밖에
없다'고 여기는 사람들……. 하지만 정말 그것밖에 방법이 없는 걸까?
'대한민국 1호 땡큐테이너' 민진홍 저자는 '감사하는 마음이야말로 그
어떤 어려움도 이겨낼 수 있는 최고의 무기'라고 말한다. 평소 불평불만
이 많고 감사하는 마음이 적었던 사람이라도 책에서 제시하는 '21일 감
사일기 작성법'을 통해 감사를 생활화할 수 있다. 행복하고 긍정적인 삶
은 물론이고 취업, 승진, 인간관계 개선, 비즈니스 성공을 원한다면 땡
큐파워를 만나보자.

지금 시작하는 힘

심상범 지음 | 13,800원

**나에겐 0%에서 시작하여, 상위 1%를 향해가는 힘이 있다!
당신의 인생을 바꿀 가장 완벽한 터닝포인트는 오늘이다**

오늘 당장
꿈을 실행하게
하는 30가지
동력!

자신감 0%, 책임감 0%, 가진 것 하나 없던 평균 이하 직장인, 어떻게 사무실을 벗어나 수백 명의 눈을 사로잡는 마술사가 되었을까? 마술처럼 인생을 뒤바꾼 10가지 원동력과 20가지 실행전략이 이 책에 담겨 있다. 마술로 삶을 이야기하는 강연자이자 '매직&드림컴퍼니' 대표인 저자는 마술처럼 삶을 바꾸고 어제보다 더 성장하고 싶은 이들을 위해 책을 펴냈다. 마흔, 새로운 삶으로 도약하기 위해 마음속에만 품고 있던 꿈, 계획만 세우고 실천하지 않았던 목표를 현실로 바꾸기 위해 노력하며 얻은 깨달음과 실행 전략을 공유한다.

기적의 50일

김성태 지음 | 13,800원

**건강한 몸으로 바꿔 자신감을 회복하는 데 필요한 시간 50일
50일 인생역전 프로젝트로 열정적인 삶을 경험하라!**

성장하는
직장인의
자기관리법!

저자는 자신이 변화한 것처럼 더 많은 사람의 변화를 돕고 싶어 몸의 변화를 통해 인생의 변화를 경험하게 할 '미라클 50 프로젝트'를 완성했다. 자기 안에 긍정을 깨우고, 변할 수 있다는 자신감을 찾는 데 50일이면 충분하기 때문이다. 외적 변화뿐만 아니라 내적 변화까지 끌어내는 미라클 50 일지를 작성하고, 운동, 영양, 수면을 관리하면 무겁게만 느껴지던 삶의 무게가 가벼워지는 것을 느낄 수 있다. 지금의 일상에서 벗어나고 싶지만 삶을 바꿀 작은 용기조차 내지 못했다면 미라클 50 프로젝트를 통해 기적을 경험해보자.